Staats- und sozialwissenschaftliche Forschungen

herausgegeben

von

Gustav Schmoller und **Max Sering.**

Heft 178.

Fr. Dorno, Der Fläming und die Herrschaft Wiesenburg.

München und **Leipzig,**
Verlag von Duncker & Humblot.
1914.

Der Fläming und die Herrschaft Wiesenburg.

Agrar-historische Studien
aus den nördlichen Ämtern
des sächsischen Kurkreises.

Von

Friedrich Dorno.

München und **Leipzig,**
Verlag von Duncker & Humblot.
1914.

Diese Arbeit wurde im Sommersemester 1913 von der philosophischen Fakultät der Friedrich-Wilhelms-Universität zu Berlin als Doktordissertation angenommen. Der Verfasser ist besonders den Herren Professoren Hintze und Skalweit für ihre gütige Unterstützung zu Dank verpflichtet.

Quellen- und Literaturangabe.

A. Quellen.

I. Ungedruckte Quellen.

Erbbuch des Amtes Wittenberg 1550, Erbbuch des Amtes Seyda 1550, Erbbuch des Amtes Schweinitz 1551 im Kgl. Staatsarchiv zu Magdeburg.

Erbbuch des Amtes Belzig 1550 auf dem Kgl. Amtsgericht zu Belzig.

Erbbuch des Amtes Belzig 1591, Erbbücher des Amtes Jüterbog 1648/1661 im Kgl. Geheimen Staatsarchiv zu Berlin.

„Die übertragene Verwesung von Ämtern und Schlössern 1441—65" und ähnliche Akten im Kgl. Sächs. Haupt-Staats-Archiv zu Dresden (Loc. 4334 Nr. 11 ff.).

Urkunden und Akten des Gräflich Fürstensteinschen Schloßarchivs zu Wiesenburg.

II. Gedruckte Quellen.

Götze, Ludwig, Kirchenvisitationsprotokolle des Kreises Jüterbogk. Magdeburger Geschichtsblätter 10 (1875) S. 117 ff.

Müller, Nikolaus, Die Kirchen- und Schulvisitationen im Kreise Belzig. Jahrb. für brandenburgische Kirchengesch. 1 (1904) S. 58 ff.

Pallas, Karl, Die Registraturen der Kirchenvisitationen im ehemals sächsischen Kurkreise. Gesch.-Quellen der Prov. Sachsen Bd. 41.

Mühlmann, Theodor, 20 Dahnsdorfer Urkunden. Neue Mitt. d. sächs.-thür. Ver. f. Altertumskunde 15, S. 404 ff.

B. Darstellungen.

Berghaus, Heinrich, Landbuch der Mark Brandenburg. Brandenburg 1853 ff.

Brinkmann, Carl, Wustrau. Wirtschafts- und Verfassungsgeschichte eines brandenburgischen Rittergutes. Schmollers Forsch. Heft 155 (1911).

Curschmann, Fritz, Die Diözese Brandenburg. Veröff. d. Ver. f. Gesch. d. Mark Brandenburg 1906.

F(ähndrich), Die Herrschaft Wiesenburg unter den Herren Brandt von Lindau usw. 2. Aufl., Berlin 1883.

Falke, Johannes, Geschichte des Kurfürsten August von Sachsen in volkswirtschaftlicher Beziehung. Jablonowski-Preisschrift 1868.

Goltz, Theodor Freiherr v. d., Geschichte der deutschen Landwirtschaft. 2 Bde. Stuttgart u. Berlin 1902. 1903.

Kämmel, Otto, Sächsische Geschichte. Leipzig 1905.

Keilhack, Konrad s. S. VI unten.

Kraaz, Albert, Bauerngut und Frohndienste in Anhalt usw. Sammlung nat.-ök. u. statistischer Abh. d. staatswissenschaftl. Seminars zu Halle 18 (1898).

Lampe, Karl Heinrich, Die bäuerlichen Ministerialen des 14.—16. Jahrhunderts im Erzbistum Magdeburg. Magdebg. Gesch.-Blätter 46 (1911).

Linstow, Otto v., Über jungglaziale Feinsande des Fläming. Jahrb. der Kgl. preuß. geol. Landesanstalt für 1902. Bd. 23, Heft 2.

Oppermann, Otto, Das sächsische Amt Wittenberg im Anfang des 16. Jahrhunderts. Dargestellt auf grund eines Erbbuchs vom Jahre 1513. Leipziger Studien a. d. Gebiet d. Gesch. Bd. 4 (1897), Heft 2.

Passow, Siegfried, Ein märkischer Rittersitz. Aus der Orts- und Familienchronik eines Dorfes [Hohenfinows]. 2 Bde. Eberswalde 1907.

Schmidt, Eberhard, Die Standesherrschaften der Niederlausitz. Niederlaus. Mitt. 12 (1912).

Schöne, Emil, Der Fläming. Diss. Leipzig 1898. (auch in den „Wissenschaftl. Veröff. d. Ver. f. Erdkunde zu Leipzig“ 4 [1899]).

Schulze, Eduard Otto, Die Kolonisation und die Germanisierung der Gebiete zwischen Saale und Elbe. Jablonowski-Preisschr. 1896 („Schulze“).

Derselbe, Niederländische Siedelungen in den Marschen an der unteren Weser und Elbe im 12. und 13. Jahrhundert. Diss. Breslau 1889.

Skalweit, August, Band 9 (Prov. Brandenburg) in: „Die Vererbung des ländlichen Grundbesitzes im Kgr. Preußen“, herausgegeben von Max Sering.

Walther, Wilhelm L., Die politisch-geographischen Grundlagen der Agrarverfassung des Herzogt. Magdeburg. Leipz. Diss. 1906. (auch in den Magdeb. Gesch.-Bl. 41 [1906]).

v. Wersebe, Die niederländischen Kolonien in Norddeutschland. 2 Bde. Hannover 1815. 1816.

Weyhe, Emil, Landeskunde des Herzogtums Anhalt. 2 Bde. Dessau 1907.

Wuttke, R., Gesindeordnungen und Gesindezwangsdienst in Sachsen bis zum Jahre 1835. Schmollers Forsch. 12 (1893), Heft 4.

Gelegentlich herangezogene Literatur wird in den Anmerkungen mit vollem Titel angegeben.

An Karten wurden neben den Meßtischblättern (1:25000, Nr. 2105 bis 2108, 2171—2177, 2242—2248, 2315—2321, 2389—2396, 2462—2468) und der „Karte des Deutschen Reiches“ (Generalstabskarten 1:100000, Nr. 315—318, 340—342, 365—367) die „Geologischen Karten von Preußen“, Lieferung 137 (Gradabteilung 44, Blatt 49—51, 55—57), mit K. Keilhacks Erläuterungen benutzt.

Inhalt.

A. Einleitung.

B. I. Die nördlichen Ämter des Kurkreises, insbesondere der „Fläming".

B. II. Die Herrschaft Wiesenburg.

1. Bis zum Dreißigjährigen Kriege.

2. Vom Dreißigjährigen Kriege bis 1800.

A. Einleitung.

a) Geographische Stellung und Bodenbeschaffenheit des Gebietes.

Das Gebiet, welches uns im Folgenden beschäftigen soll, bildet den nördlichen Teil des ehemals sächsischen Kurkreises.

Nach der heutigen Verwaltungseinteilung gehören die früheren „Ämter“ Wittenberg, Seyda und Schweinitz zur Provinz Sachsen, während die Ämter Jüterbog und Belzig der Provinz Brandenburg zugewiesen sind.

Den Süden unseres Gebietes erfüllt eine von Osten nach Westen ziehende Niederung von ca. 10 Kilometern Breite, die zum sogenannten Breslau-Magdeburger Urstromtal gehört und von der schwarzen Elster, sodann von der Elbe durchflossen wird; in ihr liegen die „Aue“- und die „Buschdörfer“ [1].

Nördlich des Urstromtales hebt sich allmählich das Gelände; wir steigen auf den Höhenrücken hinauf, den man in der Geographie den „Fläming“ zu nennen pflegt; wir wollen dafür vorläufig den Namen „Sächsischer Grenzwall“ anwenden, der erst neulich von Professor Zache im ersten Bande der „Landeskunde der Provinz Brandenburg“ [2] gebraucht worden ist.

Der sächsische Grenzwall beginnt im Westen gegenüber Magdeburg und zieht sich über Loburg, Belzig, Jüterbog und Dahme nach der Niederlausitz hin.

Wir befinden uns in unserem Gebiete auf dem höchsten Teile dieses weiter im Westen ganz flachen Diluvialplateaus. Der Westen des von uns behandelten Komplexes liegt bis 200 m hoch; gegen Osten, nach Jüterbog zu, senkt sich der Höhenrücken allmählich auf 90 m hinab.

Nach Norden fällt unser Plateau ziemlich steil gegen ein anderes Urstromtal, das Glogau-Baruther, ab, doch so, daß sich nördlich einer Linie Belzig-Niemegk-Treuenbrietzen eine niedrigere „Vorstufe“ zwischen Hochfläche und Niederung einschiebt.

Wenn wir bedenken, daß das südliche Randtal eine Höhe von 65—75 m, das nördliche eine solche von 40—50 m besitzt,

---

[1] „Busch“ ist der niedrige, meist feuchte Wald im Gegensatz zum Kiefernwald, der „Heide“..

[2] Herausg. von E. Friedel und R. Mielke, Berlin 1909. „Der Boden“, S. 40 ff.

so erkennen wir, daß wir es hier mit einem energisch ausgeprägten orographischen Gebilde zu tun haben.

Im Gegensatz zu dem von Talsand unterbrochenen Alluvialboden der Niederungen herrscht auf der Hochfläche der mehr oder weniger lehmige Boden, von Sand- und Kiesflächen öfters durchsetzt; diese sind gewöhnlich an ihrem Kiefernbestand ohne weiteres kenntlich.

Ein zusammenhängendes Waldgebiet bildet die „Brandtsheide“ im Westen; dagegen mangelt der Wald im östlichen Teile der Hochfläche, soweit sie für uns in Betracht kommt: Es sind die bei der geologischen Kartierung aufgefundenen lößartigen Feinsande[1], durch welche sich die schon vorher bekannte[2] Fruchtbarkeit dieses Teiles erklärt.

b) Bevölkerung.

Die ganze Gegend trägt ein rein landwirtschaftliches Gepräge; Industrie fehlt fast ganz.

Der Boden ist zum weitaus größten Teile im Besitze mittlerer und kleiner Grundbesitzer; wir haben ein Land ausgesprochen bäuerlichen Charakters vor uns.

Rittergüter finden wir zwischen dem Bauernland im Süden und Norden, in der Niederung und an den Abhängen des Grenzwalles, desgleichen im äußersten Westen und Osten unseres Gebietes.

Ein Streifen fast reinen Bauernlandes zieht sich auf dem Rücken des Grenzwalles von Nordwesten nach Südosten; die Dörfer dieses Striches zeichnen sich vor den übrigen durch die Größe ihrer Güter und die gleichmäßige Güte des Bodens aus; das Gebiet des rein bäuerlichen Besitzes deckt sich nämlich mit dem waldlosen Feinsandstreifen, von dem wir eben sprachen.

Die Lage auf dem wasserarmen Plateau bringt es mit sich, daß diese Dörfer von jeher mehr auf den Körnerbau angewiesen waren; der an sich gute Boden eignet sich weniger für den Weizen, dagegen ist der Roggen dieser Gegend zu einer gewissen Berühmtheit gelangt[3]. An Wiesen mangelt es; das Heu muß mit großer Mühe aus den Niederungen im Norden und Süden heraufgeschafft werden. Die natürliche Folge war, daß die Rindviehzucht, die in den Dörfern der Niederung neben dem Körnerbau eine große Rolle spielte, vor der Schafzucht zurücktrat[4].

---

[1] Vgl. O. v. Linstows Abhandlung (mit Übersichtskarte) und Keilhacks Erläuterungen.

[2] Meitzen, Grund u. Boden II, 217; Schöne 148 a. 2.

[3] Meitzen, Grund u. Boden II, 217.

[4] Ausführlicher Schöne 71, der jedoch die neueste Entwicklung nicht genügend hervorhebt.

In diesem Verhältnis ist seit der zweiten Hälfte des 19. Jahrhunderts eine Wandlung eingetreten: Dem Mangel an Wiesen lernte man durch den Anbau der Brache mit Futterkräutern, besonders Klee, abhelfen, indem man dem Boden durch künstliche Düngung die fehlenden Nährstoffe, in erster Linie Kalk, zuführte.

Die großen Schafherden sind verschwunden; die Höhendörfer züchten jetzt kaum weniger Rindvieh als die Dörfer in der Niederung.

Dem oft sehr empfindlichen Wassermangel wird durch den Bau von Windmotoren mehr und mehr abgeholfen.

Für sich steht die Brandtsheide und ihre Umgegend.

Hatten wir in dem waldlosen Gebiet fast nur guten Boden, so ist der Boden hier fast durchgängig leicht; er ist zum größten Teil mit Wald bestanden. Bäuerliche Wirtschaften sind vorhanden, aber der größte Teil der Einwohner ist auf die herrschaftlichen Forsten als Erwerbsquelle angewiesen: die Brandtsheide ist das Land der Fuhrleute und Holzarbeiter, der Holz-, Wachs- und Beerenhändler. Die verhältnismäßig starke Pferdehaltung bedingt einen Import vor allem von Hafer aus den benachbarten Gegenden, die ihrerseits aus der Brandtsheide das Holz beziehen.

B.

I. Die nördlichen Ämter des Kurkreises, insbesondere der „Fläming".

Der erste Teil unserer Abhandlung soll für die Geschichte der Herrschaft Wiesenburg, deren Hauptbestandteil die eben geschilderte Brandtsheide ist, den allgemeinen Hintergrund schaffen; er wird versuchen, ein Bild von den agrarischen Verhältnissen unseres gesamten Gebietes zu geben, wie sie sich nach den sächsischen Amtsbüchern des 16. Jahrhunderts darstellen; aus dem Befunde werden sich mit Benutzung des dürftigen Urkundenmaterials Rückschlüsse auf die Entstehung dieser Verhältnisse ziehen lassen.

Die eigentümliche Entwicklung der Herrschaft Wiesenburg, die wir bis zur Gegenwart verfolgen wollen, wird dann um so klarer hervortreten.

a) Quellen.

Die sächsische Regierung begann zu Anfang des 16. Jahrhunderts mit der Aufnahme der sogenannten Amts- oder Erbbücher, die sich mehr und mehr zu „genauen statistischen Gemälden" der einzelnen Ämter herausbildeten [1].

Wir können drei Serien dieser Amtsbücher unterscheiden, eine aus dem Anfang, eine aus der Mitte, eine aus dem Ende des 16. Jahrhunderts; unseren Angaben legen wir im allgemeinen die mittlere Serie zugrunde.

Für die zur Provinz Sachsen gehörenden Teile unseres Gebietes finden sich die Amtsbücher dieser Serie vollständig [2] im Staatsarchiv zu Magdeburg.

Weniger gut gestellt sind die zur Provinz Brandenburg geschlagenen Ämter.

Für Belzig fand ich ein Erbbuch von 1550 auf dem dortigen Amtsgericht; es ging jedoch verloren, so daß ich nur einen ungenügenden vorläufigen Auszug benutzen konnte.

---

[1] Darüber Wuttke 24 ff., der auch ein Muster für die Anlage eines solchen Erbbuches gibt; eine Vorstellung von der Reichhaltigkeit dieser Quellen erhält man aus Oppermanns Studie.

[2] Die erste Serie ist unvollständig, da das Wittenberger Erbbuch von 1513 in Dresden aufbewahrt wird.

Das fragmentarische Amtsbuch von 1591 im geheimen Staatsarchiv konnte durch eine teilweise Abschrift im Wiesenburger Schloßarchiv ergänzt werden.

Über das Amt Jüterbog, das 1635 an Sachsen fiel, sind im geheimen Staatsarchiv Erbbücher von 1648 und 1661 vorhanden, die aber den Zustand vor dem Dreißigjährigen Kriege wiederzugeben suchen.

Im Wiesenburger Archiv liegen „Hausbücher“ aus den Jahren 1575 und 1592, die den Erbbüchern nachgebildet sind.

Es wäre gewagt, Quellen aus so verschiedener Zeit nebeneinander zu benutzen, wenn nicht die Visitationsprotokolle, die von 1528 bis tief ins 17. Jahrhundert hinein reichen, uns sicher machten, daß wesentliche Veränderungen seitdem nicht stattgefunden haben; sie bringen ziemlich regelmäßig, wenn auch nicht immer zuverlässig, den Besitzer des Dorfes, die Zahl der Hüfner und Kossäten, Vorhandensein eines Rittersitzes u. ä.; bisweilen haben sie auch andere brauchbare Angaben.

Für die früheren Jahrhunderte konnte ich einige Notizen aus dem Königl. Sächs. Haupt-Staats-Archiv, teils direkt, teils nach E. O. Schulze, benutzen.

Urkundenmaterial findet sich spärlich und verstreut in Schöttgen und Kreyßigs „Obersächsischer Nachlese“, in Riedels Codex diplomaticus Brandeburgensis („C. d. B.“), v. Heinemanns Codex diplomaticus Anhaltinus („C. d. A.“) und den Magdeburger Regesten („R. A. M.“).

Eine Serie von 20 Urkunden über die Deutschordenskommende Dahnsdorf bei Belzig, von 1227 bis 1598 reichend, hat Theodor Mühlmann herausgegeben; einige dieser Urkunden sind bei Riedel „Die Mark Brandenburg i. J. 1250“ (I, 240 a. 2) gedruckt.

b) Allgemeines über die Ämter.

Bevor wir unsere Untersuchung beginnen, müssen wir über die Verwaltungseinheit des 16. Jahrhunderts, das „Amt“ oder die „Pflege“, ein Wort sagen.

Die älteste Verwaltungsorganisation im Osten der Saale und Elbe war die Burgwartsverfassung, die wahrscheinlich von den Slawen her übernommen wurde[1]. Während die den Burgwarden übergeordneten Gaue nach der deutschen Eroberung abstarben, hielten sich die Burgwarde und bildeten den Grundstock der „Vogteien“, für die später der Name „Pflegen“ oder „Ämter“ gebräuchlich wird. Diese Vogteien sind entweder die alten Burgwarde, oder sie sind aus mehreren, meist zwei benachbarten Burgwarden zusammengewachsen, in-

[1] Knüll, Benno: Die Burgwarde (Tüb. Diss. 1895) 8 ff.

dem der Vorort des einen der Mittelpunkt des neuen Bezirkes wurde: Aus den Burgwarden Wisenburg und Redizke (Reetz) entsteht die Vogtei Wiesenburg, aus den Burgwarden Beltiz und Mordiz (Mörz) die Vogtei Belzig, aus den Burgwarden Wittenberch und Dobin (Dobien) die Vogtei Wittenberg[1]. Die Vogtei Rabenstein ist der alte Burgwart Nymic[1]; die Landgerichte z. B. tagen auch im 16. Jahrhundert noch in Niemegk.

Knülls Ansicht, nach der die Burgwarde unter deutscher Herrschaft nur als Gerichtsbezirke noch eine Zeitlang existiert hätten, ist wahrscheinlich nicht nur für unsere Gegend, sondern überhaupt für das ganze Kurfürstentum Sachsen abzulehnen; wenigstens spricht ein so ausgezeichneter Kenner wie E. O. Schulze ganz allgemein von der „Kontinuität der äußeren Entwicklung dieser unteren staatlichen Gebilde, von den Burgwarden des 10. bis zu den Ämtern des 16. Jahrhunderts, wie dieselbe aus den Urkunden und sonstigen Quellen jener Zeit ersichtlich ist“ [2].

W. L. Walther erwähnt, daß das Amt Leipzig aus den Burgwarden Leipzig, Rötha und Taucha entstanden sei[3].

Es verschwindet nur der Name „Burgwart“, aber nicht die Institution als solche.

Unter den Vogteien scheinen die Burgwarde, die von ihrem Nachbarn aufgesogen worden waren, als Gerichtsbezirke noch eine Zeit bestanden zu haben; so führt Oppermann[4] die beiden räumlich getrennten Sprengel der Vogtei Wittenberg auf die Burgwarde Wittenberg und Dobien zurück.

Die Vogteien oder Ämter vereinigen sich ihrerseits wieder zu größeren Verwaltungsbezirken, die ebenfalls als Ämter bezeichnet werden; unter diesen (neuen) Ämtern bestehen die „alten Ämter“ zur Zeit unserer Erbbücher noch als Gerichtssprengel. So fügen sich die „alten Ämter“ Wittenberg, Trebitz und Zahna im letzten Viertel des 15. Jahrhunderts zum (neuen) Amte Wittenberg zusammen[5]. Das Amt Belzig ist aus den „alten Ämtern“ Belzig und Rabenstein entstanden; später wird auch die in Privatbesitz übergegangene Vogtei Wiesenburg hinzugerechnet. Im Amte Schweinitz finden wir die Trennung zwischen den Audörfern links und den Buschdörfern rechts der schwarzen Elster, die möglicherweise auch auf „alte Ämter“ zurückgeht. Der Typus des selbständig gebliebenen „alten Amtes“ ist das kleine Amt Seyda[6].

---

[1] Vgl. C.d.B., A VIII, 104, 105, 114, 115 und R.A.M. I, 722.

[2] Kolonisation 317.

[3] S. 102 a. 1. Diese Beobachtung ist von W. mit Unrecht gegen E. O. Schulze gewendet.

[4] S. 117.

[5] Über ihr Zusammenwachsen Oppermann 3 a. 1 und 4 a. 1.

[6] Wollten wir die Entwicklung weiter verfolgen, so würden wir auf unsere heutigen „Kreise“ kommen.

c) Verteilung der Ämter auf die natürlichen Abschnitte des Gebietes.

Diese Ämter verteilen sich auf die verschiedenen Abschnitte unseres Gebietes wie folgt: Das Amt Schweinitz liegt in der Elster-Elbeniederung. Die Ämter Wittenberg und Seyda reichen, dieses mit seinen Buschdörfern, jenes mit seinen Audörfern, dem alten Amte Trebitz, in dieselbe hinein; das alte Amt Wittenberg gehört zum waldreichen Teile des Plateaus, das alte Amt Zahna zu dem waldarmen Streifen; zu letzterem haben wir auch die nördlichen Dörfer des Amtes Seyda und das Amt Jüterbog zu rechnen. Das alte Amt Rabenstein verschwindet mit seinem westlichen Teile bereits im waldreichen Gebiete, dem auch das alte Amt Belzig auf der Vorstufe angehört. Westlich von beiden folgt das geschlossene Waldgebiet der ehemaligen Vogtei Wiesenburg, die sogenannte Brandtsheide.

d) Die allgemeinen ländlichen Verhältnisse in den Ämtern während des 16. Jahrhunderts.

Die Verhältnisse, welche die Erbbücher dieser Ämter vor uns erstehen lassen, sind die gleichen, wie sie E. O. Schulze in seinem Werke über „Die Kolonisation und Germanisierung der Gebiete zwischen Saale und Elbe“ so eingehend und klar schildert; Schulze hat auch die Ämter nördlich der Elbe mit bearbeitet, eben weil er hier die gleichen Zustände fand. Über Anhalt hat Kraaz zusammenfassend gehandelt. Weniger gibt für unsere Zwecke Walthers Schrift über die „Grundlagen der Agrarverfassung des Herzogtums Magdeburg“. Instruktiv sind die Bemerkungen, die Wuttke seiner Studie über den Gesindezwangsdienst in Sachsen voranstellt.

Auf diese Arbeiten müssen wir verweisen, da wir in unserer flüchtigen Skizze mehr das unserer Gegend Eigentümliche hervorheben als allgemeine Schilderungen geben wollen.

Zur Orientierung schicken wir nur Folgendes voraus:

Das Charakteristikum des Kolonisationsdorfes, der Erb-, Lehns- und Gerichtsschulze sowie das Erbzinsgut, ist fast durchgängig vorhanden; Laßbesitz findet meist nur an Beiländereien statt. Die wenigen Ausnahmen beschränken sich auf das Amt Trebitz in der Elbaue, das dem anhaltischen „Lande Dessau“, dem Kraazschen „Übergangsgebiet“, benachbart ist[1].

---

[1] Vgl. Kraazens Tabelle III, 246 f. [Zone II („sorbischer Anbau“): kein Lehnschulze, Laßhufen; Zone III („Kolonisationsgebiet“): Lehnschulze, Erbhufen. Das Land Dessau steht zwischen beiden Zonen.]

Die Hauptmasse der Dörfer steht unmittelbar unter dem Amt; auch in den ritterschaftlichen Dörfern lasten die Frohnen nicht so schwer auf dem Bauern wie weiter im Osten.

Zwischen den Ritter und den Bauer schieben sich, gewissermaßen als Vermittler, zwei Bevölkerungsklassen ein, die „ehrbaren Mannen“ und die „Lehnmänner“.

Der „ehrbare Mann“ bildet mit der „Ritterschaft“ zusammen den Adel; vom „Ritter“ unterscheidet er sich dadurch, daß er, abgesehen von Kossäten oder Häuslern, die er als Arbeiter auf seinem Gute angesetzt hat, über keine Untertanen gebietet: Er ist der Nachbar des Bauern, nicht sein Herr. Nach unseren Amtsbüchern verdient er sein Lehen nicht zu Pferde, sondern „er hilft das Schloß bewachen“; die sogenannten Burgmannen, die in den Amtshauptstädten „unter dem Schlosse“ wohnen, gehören zur „ehrbaren Mannschaft“, aber auch in den Amtsdörfern finden wir „ehrbare Mannen“, nicht selten zu mehreren im Dorf. Ihre Güter werden in den Amtsbüchern als „freie Sitze“ von den „Rittersitzen“ mit bäuerlichen Untertanen deutlich geschieden; sie entsprechen offenbar den „Sattelhöfen“, „Siedelhöfen“, „freien Wohnhöfen“, „Freihöfen“, „Freigütern“, „sattelfreien Höfen“, „freien Turm- und Sattelhöfen“ der benachbarten Gegenden [1].

Denken wir uns den „ehrbaren Mann“ ohne seine sozialen Vorrechte, so haben wir den bäuerlichen „Lehnmann“, der sein Gut zu demselben Rechte und gegen dieselben Pflichten besitzt wie der Schulze seines Dorfes; wie dieser muß er sein Lehen ursprünglich „mit dem Pferde verdienen“; sein Reiterdienst ist aber im 16. Jahrhundert bereits in die Stellung eines Lehnpferdes verwandelt, wie der des Schulzen; an den Reiterdienst erinnert noch die Pflicht der Lehnschulzen und Lehnmänner in den Grenzämtern, „die strassen und grenitzen zu bereiten“. Auch zu Amtsfuhren und sogar zu Wirtschaftsfuhren werden beide in manchen Ämtern herangezogen.

Diese „Lehnmänner“ sind in der Niederlausitz und in der Mark Brandenburg [2] nicht selten, wo meist nur einer neben dem Schulzen auftritt und wohl ebenfalls als „Schulze“ bezeichnet wird.

Die „Freibauern“, „Freien“ usw. bei Schulze und Kraaz

---

[1] Vgl. Kraaz 33ff. und Walther 91ff. Als „sozusagen klassisches Land“ der Sattelhöfe gilt das Gebiet des alten sorbischen Anbaus von der Saale östlich bis etwa zur Mulde.

Schulze erwähnt die Freigüter nur ganz kurz, er hat sie wohl nur in unserer Gegend gefunden („Ämter Belzig, Schweinitz u. a.: S. 341 a. 1.); er scheint übrigens unrichtig die „ehrbare Mannschaft“ mit der „amtsässigen Ritterschaft“ zu identifizieren.

Über Sadel- oder Siedelhöfe in Nordwestdeutschland vgl. Wittich, Werner: „Die Grundherrschaft in Nordwestdeutschland“ (Leipzig 1896) 276 und sonst.

[2] Vgl. Schmidt 33f., Skalweit 23.

entsprechen vielleicht dieser Institution; auch Lampes „Bäuerliche Ministerialen“ zeigen ähnliche Züge.

Über die gewöhnlichen Hüfner ist nichts hinzuzufügen.

Die unterste Schicht der bäuerlichen Bevölkerung wird fast ausschließlich durch die Kossäten oder Gärtner repräsentiert, die durchgängig Erbrecht an Haus, Hof und Garten zu besitzen scheinen; bisweilen haben sie auch Erb- oder Laßhufen auf wüsten Marken[1].

Neben ihnen treten die Häusler im 16. Jahrhundert noch selten auf; es sind meist Handwerker und Tagelöhner, die so genannt werden; die Grenze gegen die Kossäten ist noch schwankend[2].

Nur in Andeutungen hören wir von den „Hausgenossen“, die zwar „eigen Feuer und Herd“, aber kein Haus und keinen Grundbesitz haben.

In die Dienstverpflichtungen teilten sich die Hüfner und Kossäten im allgemeinen so, daß den Hüfnern die Spanndienste, den Kossäten die Handdienste oblagen; daher haben die Amtsbücher für die Hüfner bisweilen die Benennungen „Anspanner“, „Pferdener“ u. ä., während die Kossäten auch „Handfröhner“ heißen.

e) Entwicklungstendenzen im 16. Jahrhundert.

Nach diesen allgemeinen Bemerkungen wollen wir an einzelnen konkreten Beispielen die Entwicklungstendenz, die uns in unseren Erbbüchern entgegentritt, kennen zu lernen suchen, wobei wir zugleich unsere allgemeinen Angaben hie und da ergänzen.

Die zweite Hälfte des 16. Jahrhunderts ist im allgemeinen bereits eine Zeit des Niederganges für den ostdeutschen Bauernstand: Die Getreideproduktion im großen, für den inländischen Markt und für den Export, gibt den Rittern den Antrieb und die Mittel, das Gutsareal auf Kosten des Bauernlandes zu erweitern; die in die Hand des Ritters gelangten Hoheitsrechte ermöglichen es ihm, seinen „Untertanen“ immer neue Dienste aufzubürden, bis schließlich der Dreißigjährige Krieg, für den Bauern noch unheilvoller als für den kapitalkräftigen Gutsherrn, dem Bauernstande den letzten Stoß versetzt.

Auch in Sachsen würde die Entwicklung wahrscheinlich diesen Weg gegangen sein, wenn sich ihr nicht schon damals eine starke Staatsgewalt bewußt entgegengestellt hätte.

Die sächsischen Zentralbehörden waren vorwiegend mit gelehrten bürgerlichen Beamten besetzt; auch die Amtleute entstammten meist bürgerlichen Kreisen[3]. Mit diesem Beamten-

---

[1] Vgl. Schulze 224 ff. [2] Vgl. Schulze 229 ff.
[3] Vgl. Kämmel 80.

tum konnte man bereits im 16. Jahrhundert eine Politik treiben, wie sie in anderen Staaten erst zwei Jahrhunderte später einsetzt.

Die Aufnahme der Amtsbücher, die natürlich auf Erhaltung der augenblicklichen Verhältnisse hinwirkten, wurde gegen die Beschwerden der Ritterschaft durchgeführt, die private Aufzeichnung der Frohnen bei Verkäufen von Rittergütern und sonst gefördert[1].

„Erbgüter“, d. h. Bauerngüter, durften nur mit Erlaubnis des Kurfürsten an Adlige oder Bürger übergehen, denn die Zahl der „Mannschaften“ in den Ämtern sollte nicht vermindert werden[2].

Damit war dem Adel die Möglichkeit des „Bauernlegens“ abgeschnitten; im Gegenteil betrieb der Kurfürst eifrig den Auskauf seines Adels; eine große Zahl von Rittergütern und Herrschaften ging trotz heftigen Widerstandes der „Landschaft“ in seine Hand über[1].

Als Hauptvertreter dieser Richtung, die aber schon von seinen Vorgängern und noch von seinen Nachfolgern bis zum Dreißigjährigen Kriege hin eingeschlagen worden ist, gilt der Kurfürst August[3].

In der ersten Periode seiner Regierung machte dieser Fürst einen interessanten Versuch zur Vererbpachtung der Domänen im ganzen oder auch in Parzellen; im letzteren Falle pflegte er die Vorwerke in einzelne Stücke zu zerteilen, die dann an Bauern veräußert wurden; so entstanden Dörfer von 16—21 Haushaltungen[4].

Die notwendige Folge war, daß die zu dem Vorwerk frohnenden Bauern ihre Dienste in Geld verwandelten; das ist denn auch in weitem Umfange geschehen.

aa) Die „Ritterschaft“.

Das Bild, welches die Ritterschaft unserer Ämter bietet, entspricht genau dem, was wir nach dem eben Angeführten erwarten müssen.

Die Hufenzahl der Rittersitze ist nicht groß; Güter von 10 Hufen, wie wir sie südlich der Elster-Elbe finden, gehören zu den Ausnahmen; die gewöhnliche Größe betrug 3—4 Hufen.

---

[1] Zusammenfassend Wuttke 24 ff. nach Falke.

[2] Wuttke 33 f. Verordnung vom 1. Mai 1563 (Cod. Augusteus II, 1365).

[3] 1553—1586. Kämmel 81 ff.

[4] Das Hauptmotiv für August war bei all diesen Umwandlungen das finanzielle, sehr viel weniger das populationistische (Falke 61 ff., Schulze 221 a. 1.). Wuttke sieht Augusts Bestrebungen u. E. viel zu sehr unter dem Gesichtswinkel der Peuplierungs-Politik des aufgeklärten Absolutismus.

Vgl. auch die Bemerkung S. 12 f.

Selbständige, aus dem Bauernland herausgelöste Vorwerke gibt es nicht[1]; die Ritterhufen liegen mit denen der Bauern im Gemenge. So sind in Groß-Treben (Amt Schweinitz) verzeichnet 10 Amtshufen (d. h. Hufen von Amtsbauern), „22 Hufen der von Caniz Leutte, idem die von Caniz Als Moriz 4 vnd Wolf, beide gevattern, 3 hufen; so hat die pfarre auch 2 hufen, die Ligen alle gemenget durcheinander.“

Selbstverständlich ist die Gemengelage für die „Rittersitze“, die wir aus Bauerngütern hervorgehen sehen; ein Auskaufen findet nämlich statt, aber nicht zum Zwecke der Erweiterung des Gutslandes[2]; der Beweggrund ist kein wirtschaftlicher, sondern ein sozialer: Dem zweiten Sohne soll ein standesgemäßer Lebensunterhalt ermöglicht werden; das Aufhören des Pfründenwesens nach der Reformation wird hierbei nicht ohne Einfluß gewesen sein.

Es entstehen dann zwei Rittersitze in demselben Dorfe, wie z. B. in dem eben erwähnten Groß-Treben, wo „des Moriz Caniz vatter seliger einen pauern ausgekaufft“ und „daraus nachmals auch einen freien Sitz gemacht hat“.

Die „Freiwilligung“ von Erbhufen machte immer Schwierigkeiten; man erwirbt deshalb besonders gern bäuerliche Lehngüter, deren Übergang die sächsische Regierung, wie es scheint, anstandslos gestattete. So hat von den Gebrüdern Radestock zu Werchau der eine seinen „Lehnmann“ (nach der Bezeichnungsweise des Schweinitzer Amtsbuches kann entweder der Lehnschulze oder der „Lehnmann“ im engeren Sinne gemeint sein) ausgekauft, „mit 3 Hufenn, hat darauf seine Wohnung gebauett“.

Gehört zum Rittersitz noch ein auswärtiges Dorf, so wird dort dem zweiten Sohne „eine Bewohnung angericht“; von den Gebrüdern Denstedt zu Schönewalde (A. Schweinitz) z. B. kauft der eine den „Lehnmann“ des ihnen gehörenden Dorfes Grauwinkel aus.

Die einheitliche Herrschaft über ein Dorf konnte auf diese Weise zu einer geteilten werden; in vielen Fällen aber hat sie, soweit wir sehen, überhaupt nie bestanden. So haben in Werchau (A. Schweinitz) die von Drandorf einen freien Rittersitz von 3 Hufen, zu dem 17 Hüfner und 6 Gärtner gehören; neben ihnen sitzen die Radestock auf einem, später[3]

[1] Dagegen sind die Amtsvorwerke des Kurkreises im Jahre 1474 nicht „verhuft“ (Schulze 345). Über die Vorwerke der ehemaligen Vogtei Wiesenburg und ihrer Umgegend wird Teil II, S. 49 a. 4 gehandelt werden; vgl. aber auch S. 13.

[2] Nur zu Uthausen im alten Amte Trebitz, dem Merten List auf Wartenburg zuständig, scheint nach den Vis.-Prot. (Pallas) II 1, 281 ff. ein Auskauf zu wirtschaftlichen Zwecken stattgefunden zu haben; es ist die Rede von 6 Hufen, die „der Erbherr zu sich erkauft“ und „getrieben“ (d. h. bewirtschaftet) hat (ad annum 1555 und 1575).

[3] s. oben.

sogar auf zwei Rittersitzen; ihnen frohnen 5 Hüfner und 3 Gärtner.

Anzeichen deuten darauf hin, daß der Zustand der Herrschaftsteilung der ursprüngliche ist; wir werden sogleich darauf zurückkommen.

Bisweilen war ein Dorf nach der Ausdrucksweise der Erbbücher „vermengt", d. h. ein Teil war ritterlich, der andere kurfürstlich; so z. B. in Dahnsdorf (A. Belzig), wo nur 8 von den 32 „besessenen Mannen" auf dem Komthurhofe dienen.

Die kurfürstliche Verwaltung trat dem Versuche der Ritterschaft, ihre Befugnisse auch über die Amtsbauern auszudehnen, energisch entgegen: In dem mehrfach erwähnten Groß-Treben (A. Schweinitz) hatte das Amt 5 Hüfner und 4 Gärtner, 12 Hüfner und 5 Gärtner waren den Canitzen zuständig; nun „haben sich dieser von Caniz eldern vnttermstanden, sich der gericht vff meines gnedigsten herrn Mennern zu haben, Vnnd als vnlang eine femestad vfgericht, hatt Ludowigk Caniz seliger Meines gnedigsten herrn Menner darzu zur Bekrefftigung Irer gerechtigkeit, dieselbigen hir zu gefordert; Wie sie dann auch darzu geholfenn vnnd sie das ane des Ampts vorwissen gethan, sint sie auch darumb gefenklichen genommen; Als habe ich der Schosser solchs kegen hofe berichtet; da ist genanter Ludowigk von Caniz seliger dahin gedrungen, das er auch einen Revers [von] seiner eigenen handt von sich dem Ampt hat geben mussen, darinnen er vnnd die von Caniz zu Treben bekennen, das die gericht vff meines gnedigsten herrn 9 Mennern ane alle mittel dem Ampt zustendigk".

Das Einschreiten der Verwaltung verhindert hier einen Vorgang, der sich unter schwächerem Regiment unzählige Male abgespielt haben wird; charakteristisch ist, daß die Amtsuntertanen selbst, wahrscheinlich um den weiten Weg zur Amtshauptstadt zu sparen, den Gerichtsstand vor dem Ritter herbeiwünschen.

Die Stärke der Staatsgewalt tritt auch sonst deutlich zutage, vor allem bei dem Heimfall erledigter ritterlicher Lehen; einen Leihezwang gibt es nicht, vielmehr bieten unsere Erbbücher mehrere Beispiele dafür, daß heimgefallene „Vorwerke" parzelliert und an Bauern zu Laß- oder Erbrecht ausgetan wurden.

Von Hohndorf (A. Schweinitz) wird berichtet:

„Vnd ist dis dorff auch durch Todesfall von Fritz von Jessen seligenn ans Ampt kommen. Ist ein Forwergk, auch ein Schefferey gewesen" und „Ist den Leuten vmb ein Zins vorlassen; vnnd da solchs wider angericht, musten die Leutte ane entgelt davon abziehen, was sie aber ann gebewden [hetten], wurde Inen vorgunnt, die abzubrechen vnd mit zu nemen."

Da das Schweinitzer Erbbuch aus der Zeit vor Augusts Regierungsantritt stammt, so erhellt, daß die Aufteilung von Vorwerken schon von Augusts auch volkswirtschaftlich bedeutendem Bruder Moritz oder gar noch früher geübt worden ist.

Die kurfürstliche Verwaltung hält sich den Weg zur Rückkehr in die alten Verhältnisse offen, indem sie die Vorwerksäcker zu Laßrecht austut; doch folgt gleich darauf die Bestimmung: „Da[1] sie Ire gebewde zusampt dem ligenden grunde des ackers zu erbe haben wollten," so sollten sie 600 fl. bezahlen. Das Land wird nicht verhuft, sondern „nach deme Ir sieben darinnen wohnen, Ist dasselbige Inn alle drei feltt zu gleicher Masse vnter Inen selbst ausgetheilet". Wir haben es hier also, wie es scheint, ausnahmsweise mit einem nicht verhuften ritterlichen Vorwerk zu tun; die 7 Annehmer mögen die früheren Kossäten sein.

So verhielt es sich wenigstens bei dem Vorwerk Mützdorf im alten Amte Rabenstein[2], das einige Jahrzehnte später (um 1580) nach seiner Erledigung an die 10 dazu gehörenden Kossäten in Zeitpacht („vf 3 Jahr lang") gegeben wurde.

Die Stellung des Ritters in unserer Gegend, können wir feststellen, ist bei weitem nicht so bedeutend wie im Osten; sie ist eher im Schwinden als im Steigen begriffen[3].

bb) Die „Ehrbare Mannschaft".

Geradezu eine absterbende Institution ist der andere Bestandteil des Adels, die „ehrbare Mannschaft".

Die „freien Sitze" der ehrbaren Mannen stehen den „Rittersitzen" nur insofern nach, als zu ihnen keine untertänigen Bauern gehören; in der Hufenzahl unterscheiden sie sich nicht von denselben: auch sie erreichen einigemal die Größe von 10 Hufen (in der Stadt Schweinitz und in Naundorf [Amt Schweinitz]); im allgemeinen haben sie gleich den Rittersitzen 3—4, auch wohl 6 Hufen; in Lebien (A. Lochau, nach dem Schweinitzer Erbbuch) besteht ein freier Sitz mit nur 2 Hufen. Oft gibt (oder gab) es im Dorfe mehrere freie Sitze nebeneinander (z. B. drei in Seegrehna [A. Wittenberg]).

Wie die Rittersitze lagen auch sie mit dem Bauernacker im Gemenge; 1578 heißt es in den Visitationsprotokollen (Pallas II, 3, 77) von Axin im Amte Schweinitz: „Axin hat 12 Hufner, darunter einen vom Adel, Georg Behm, der ein Freigut hat, gehört zur ehrbaren Mannschaft des Amtes Schweinitz."

---

[1] Hypothetisch zu verstehen.

[2] Über die Entstehung der Kossätenvorwerke dieser Gegend handeln wir Teil II, 49 a. 4.

[3] Die Stände gelangten in Sachsen erst nach dem Dreißigjährigen Kriege zu größerer Macht.

Erwarb ein „ehrbarer Mann" ein benachbartes Dorf, so trat er damit in die „Ritterschaft" über, denn er hatte ja nunmehr „Untertanen"; auf diese Weise konnte sich eine Familie über ihre Nachbarn und Standesgenossen erheben und sie schließlich aus dem Dorfe verdrängen. Nach Oppermann wohnen in Wartenburg (A. Wittenberg) 1474 [1] vier „Edelleute", deren einer, Heinrich List, im Besitze der Dörfer Radis und Uthausen [2] ist; die drei anderen „sprechen, daß sie ihres Vorwerkes über ihr Darlehen nicht genießen". 1513 nun ist Sigismund List, wohl ein Sohn jenes Heinrich, der Besitzer aller vier Güter; es hat also der kapitalkräftige Edelmann seine ärmeren Nachbarn ausgekauft.

Die Entwicklung drängt darauf hin, daß die freien Sitze, wenn sie sich als adlige Güter erhalten wollen, zu Rittersitzen werden; damit stimmt überein, daß wir nach E. O. Schulze 1474 „die meisten amtsässigen Ritter" [3] in den Ämtern Belzig und Schweinitz „auf Freigütern und freien Sattelhöfen" finden [4], während zur Zeit unserer Erbbücher die ehrbare Mannschaft in Schweinitz (1550) unbedeutend, in Belzig (1591!) ganz verschwunden ist. Das Institut der Sattelhöfe hatte sich eben überlebt, die Besitzer verarmten: „Unter allen Ehrbarmannen ist keiner, der von seinen Gütern ohne seine Zinsen über seine Haushaltung etwas erübrigen kann; sie sagen alle, daß sie ihre Zinse, die sie von Ew. Gnaden haben, dabei zusetzen müssen" berichtet der Belziger Vogt im Jahre 1474. [5])

Gelang es dem ehrbaren Manne nicht rechtzeitig, d. h. vor dem Einsetzen der scharfen Kontrolle durch die Kurfürstliche Verwaltung im 16. Jahrhundert, sich zum Herrn seines Dorfes aufzuschwingen, so war sein Los kein beneidenswertes; er wurde dann nicht nur von seinem mächtigen ritterlichen Nachbarn bedrängt, der ihn aus seinem Herrschaftsgebiet zu entfernen trachtete, nein, auch in den Amtsdörfern war er der Überlästige: Er stand ja der festgefügten Organisation der „Nachbarschaft" d. h. der Bauerngemeinde nicht als Herr gegenüber wie sein ritterlicher Standesgenosse; andererseits aber wies er es natürlich weit von sich, ein „Nachbar" unter Nachbarn zu sein; er glaubte vielmehr Ansprüche erheben zu dürfen, wie sie der Ritter als Herr des Dorfes durchzusetzen die Macht hatte. Damit war der Grund zu ewigen Reibereien gegeben.

---

[1] Oppermann 112. 1474 fand eine Erhebung über die militärischen Kräfte des gesamten Kurfürstentums statt (H.St.A. Dresden „Or. Urk. 8228"). Opp. 84 a. 2.

[2] Über Uthausen vgl. S. 11 a. 2.

[3] Nach Sprachbrauch unserer Amtsbücher müßten wir sagen: „Adel, Edelleute"; E. O. Schulze scheidet nicht zwischen „Rittern" und „Ehrbarmannen", vgl. S. 8 a. 1.

[4] Schulze 341. [5] Schulze 380.

Wir haben einen interessanten Schiedsspruch über Streitigkeiten des deutschen Ordens mit den „gemeinen Bauern“ zu Dahnsdorf aus dem Jahre 1434[1]. Die Kommende Dahnsdorf hat zwar einige Untertanen, gehört also zur Ritterschaft, aber auch ihr steht die Gemeinde der Amtsbauern gleichberechtigt gegenüber[2].

Wir lernen eine lange Reihe von Streitpunkten kennen, wobei die „Nachbarschaft“ durchaus als der angreifende Teil erscheint; u. a. haben die Bauern „vff 4 hufen, die der orden andern geburen [ein]getan hat, einen wilkor[3]) gemachet, alzo daz sie mussen verlonen von jchlicher hufe Sechs Schaff vnde eine Kuh, sie haben sie adir haben sie nicht“; 1 Scheffel Erbsen und 1/2 Scheffel Wicken, die der Komthur ins Sommerfeld gesät und eingehegt hatte, „alze gewonlich ist“, haben sie mit ihren Pferden „affegefrettet“; im letzten Punkte endlich handelt es sich um die Frage, ob die Bauerngemeinde dem Orden wie einem der Ihrigen Vorschriften über die Feldbestellung machen darf: „So weren die gebure deme orden, daz er sinen acker nicht braken[4] mus, nicht erh, daz si danne, daz sie einen gemeinen wilkor tun, daz man pflugen sal, vnd versumen alzo dem orden sine arbeit vnd verhindern em die narunge, daz doch ungewonlich ist“. Der „Bescheid“ ist nicht minder interessant: Es soll ein jeder „den vordersten[5]) acker pflugen vnd nicht den nehesten, vnd daz sal ein yder man unverweret bleiben“: das Privateigentum an Grund und Boden muß also damals noch wenig fest gewesen sein.

Ähnliche Streitigkeiten hatten die Canitze auf Gr. Treben mit den Bauern in Naundorf (A. Schweinitz), wo sie einen freien Sitz besaßen.

Ein Schiedsspruch von 1525[6]) bestimmt am Schlusse: „Damit aber hinfuhr dergleichen Zwiespalt vorhuttet bleiben, wyll sich Hans von Caniz befleissigen, das er vngeferlich Inn nachkünfftiger Jahresfrist sein gutt daselbst zu Naundorf einem oder zweien Mannen austhun vnnd vorerben muge“, die dann „gemein und Nachparschaft“ mit den andern halten sollen;

---

[1] Mühlmann 422.

[2] Vgl. S. 12.

[3] „Die Bauernwillkür war eine in der Gemeindeversammlung beschlossene und für alle Gemeindegenossen verbindliche Anordnung über irgendeinen Gegenstand gemeinsamen Interesses“ (Wittich 130). Aus Sachsen sind solche Willküren gedruckt bei J. G. Klingner: „Sammlungen zum Dorf- und Bauernrechte“ 4 Bde. Leipzig 1749—1755. Leider befinden sich aus unserer Gegend keine Willküren in diesem Werke. Anschauungsmaterial aus Klingner stellt zusammen Haun: „Bauer und Gutsherr in Kursachsen.“ Straßburg 1892. Vgl. auch E. O. Schulze 158 a. 2.

[4] „Brachen“, d. h. die Brache zur Wintersaat pflügen.

[5] Gemeint: „hintersten“.

[6] Im Erbbuch von 1551.

„Vnd auf das ditz deste ehr seinen vorgang gewynne", wollen ihm die Naundorfer selbst Annehmer besorgen.

Die Absicht, den unbequemen Nachbar loszuwerden, liegt klar zutage; sie ist in diesem Falle noch nicht erreicht worden, denn 1548 gibt neuer Streit dem Amte Anlaß, den Canitzen ihr Versprechen von 1525 einzuschärfen.

Die Canitze hatten einen Rückhalt an ihrem anderen Besitze (Groß-Treben); in den meisten Fällen wird die Widerstandskraft der Sattelhofbesitzer nicht so groß gewesen sein: Der ehrbare Mann auf dem Dorfe ist in dieser Zeit der „Mann auf dem Zaune", bedrängt von seinen ritterlichen sowohl als von seinen bäuerlichen Nachbarn. Die freien Sitze verschwinden deshalb vom platten Lande; gehalten haben sich in ihrer ursprünglichen Verfassung nur die Burgmannengüter in den Städten, die später allerdings auch den Namen „Rittergut" annehmen.

cc) Die Lehnschulzen.

Ein Mittelglied zwischen dem Adel und den gewöhnlichen Hüfnern bilden die Bauern, die ihre Güter zu Lehnrecht besitzen; das sind in unserer Gegend, wie wir oben sahen, die Lehnrichter und neben ihnen die Lehnmänner.

Was die Lehnschulzen anbetrifft, so ist unverkennbar die Tendenz vorhanden, sie durch „Laßschulzen" zu ersetzen[1]; beim Heimfall eines Lehnschulzengutes pflegte, wie es scheint, die kurfürstliche Verwaltung dieses in ein gewöhnliches Hüfnergut zu verwandeln und ein sog. „walzendes Gericht" einzuführen; die Gemeinde wählte sich dann in bestimmten Fristen ihren Richter, der der Bestätigung des Amtes bedurfte („erbethener und gesazter Richter"); die Verfassung ähnelte also der heutigen. Entsprechend wird es hergegangen sein, wenn ein Ritter seinen Schulzen auskaufte, nur daß dann das Wahlrecht der Gemeinde keine so bedeutende Rolle gespielt haben wird; an die Stelle des Lehnschulzen trat in diesem Falle wohl der reine Setzschulze.

Die Lehnrichter eines „alten Amtes" kommen einmal oder öfter im Jahr in der (alten) Amtshauptstadt zusammen, um als Schöffen des Landgerichts zu fungieren; dabei führt nach

---

[1] Von den Lehnschulzen sind zu unterscheiden:

a) Die sog. „Erbrichter", die kein Lehngut haben, Zins entrichten und sogar frohnen gleich den gewöhnlichen Hüfnern: das Schulzengericht ist aber mit ihrem Gute untrennbar verknüpft; solche „Erbschulzen" scheinen die meisten Richter des Amtes Trebitz (s. S. 19) gewesen zu sein.

b) Die „Laßrichter", die ihr Amt nur eine bestimmte Zeit inne hatten und dafür Dienstfreiheit, auch wohl einige Breiten Acker erhielten; sie wurden, in den Amtsdörfern wenigstens, von der Gemeinde präsentiert, vom Amte bestätigt („erbethen" — „gesazt"). Vgl. hierzu Schulze 153 a. 1.

Oppermann ein bestimmter „Landschulze“ den Vorsitz. Bei dieser Gelegenheit „bringet eine jede Dorffschaft Irrunge an, vnnd ingemein, was des Landes notturft; Geben auch als dan Ire geltzins. Des tages wird auch den leuten die Landesordnung, auch die Churfürstlichen Mandata, die man den leuten auch wissens zu haben [für not hält], vorgelesen vnd was sich mit den leuten gegen dem Ampt, auch vnter Inen selbst, vnrichtigs zutregt, wirdet dasselbig so vil moglich, mit besserung gewandt.“

dd) Die Lehnmänner.

Zu den bäuerlichen Lehngutsbesitzern sind zweitens die „Lehnmänner“ zu zählen; dieser Stand scheint in unserer Gegend eine ganz einzigartige Ausbildung erfahren zu haben.

Mehr als zwei Lehnmänner neben dem Schulzen hat man, so weit wir sehen, bisher nicht aufgefunden; in unseren Amtsbüchern aber werden häufig drei, vereinzelt sogar vier und fünf Lehnmänner neben dem Schulzen aufgezählt; diese Lehnmänner haben in der Regel 2—3 freie Lehnhufen, von denen ursprünglich nur der Roßdienst zu leisten bzw. das Lehnpferd zu stellen war[1].

Auch der Stand der Lehnmänner ist, wie alle diese mittleren Institutionen, im Schwinden begriffen.

Der Lehnmann, der nebenbei noch Erbhufen besitzt, nähert sich dem gewöhnlichen Hüfner und unterscheidet sich schließlich nicht mehr von ihm: das Lehnpferd fällt weg, dann werden auch die Lehnhufen ihrer Zinsfreiheit beraubt[2]; es verschwindet endlich jedes Zeichen, das die Lehn- von den Erbhufen trennen könnte; der Lehnmann ist zum gewöhnlichen Hüfner geworden.

Besser halten sich die Lehnmänner, die neben ihren Lehnhufen keine Erbhufen besitzen — wir wollen sie „reine Lehnmänner“ nennen.

Aber auch zwischen den „reinen Lehnmännern“ und den gewöhnlichen Hüfnern besteht kein ganz fester Unterschied; es gibt „reine Lehnmänner“, die kein Lehnpferd zu stellen brauchen, andere wieder geben keine Lehnware; andererseits konnten sie, trotzdem sie die Lehnware entrichteten, zu den gewöhnlichen Hüfnerdiensten herangezogen werden.

So heißt es vom Schweinitzer Buschdorf Dubro: „Diese Lehen Leutte haben mit den Dinst Leutten zugleich mit faren gedinett; weil sie aber vor freie Leutte wie andere Richter und Lehen Leutte Im Ampt gehalten, auch Ire Lehenwahre zu gebürlichen fall erlegen müssen, Seint sie von einander

---

[1] Wir kommen auf die Lehnmänner S. 36 ff. noch ausführlich zu sprechen.

[2] Das vermutet Oppermann (S. 77) von den Lehnmännern im alten A. Zahna.

gesondert vnd dinen gleich andern Lehen Leutten vff erfordern"; auch den fünf Lehnmännern in Grassau (A. Schweinitz) ist es „vff Ire Bitt nachgelassen, das sie gleich andern des Ampts lehen Leutten der puschdörfer nach erforderung des Ampts dinen".

Zusammenfassend können wir sagen: Nach unseren Erbbüchern geht die Tendenz der Entwicklung im 16. Jahrhundert dahin, die Klassen, welche Mittelglieder zwischen der Ritterschaft einerseits, der Bauernschaft andererseits gebildet hatten, mochten sie dem Adel oder dem Bauernstande angehören, zurückzudrängen und an die Stelle der allmählichen Abstufung den Gegensatz zwischen dem Ritter und dem Bauern zu setzen; die Folgen, die diese Herausbildung des Adels zu einem Herrenstande hätte haben können, wurden abgewandt durch eine zielbewußte landesherrliche Verwaltung.

f) Die einzelnen Ämter.

Wir haben — bei allgemeiner Übereinstimmung — doch einige Merkmale feststellen können, durch welche unsere Gegend sich von den südlichen Teilen des Kurfürstentums Sachsen zu unterscheiden schien; wir erinnern an die zahlreichen freien Sitze und die Ausbildung der Institution der Lehnmänner.

Aber das eigentlich Interessante liegt weniger hierin, als vielmehr in der Art, wie sich die geschilderten Bevölkerungsklassen auf die einzelnen natürlichen Abschnitte unseres Gebietes verteilen und wie sich die Lage ein und derselben Klasse in den verschiedenen Abschnitten ändert.

Um uns hierüber klar zu werden, müssen wir an der Hand der Tabelle I die Ämter einzeln durchmustern[1]; wir legen ihr die „alten Ämter" zugrunde, soweit sie in sich homogen sind.

Die erste Spalte der Tabelle gibt die Anzahl der Dorfschaften überhaupt; außer Berechnung blieben jedoch die Dörfer im Besitz von Körperschaften[2].

Zu Spalte 2—5 ist zu bemerken, daß „vermengte Dörfer"[3] unter Spalte 5 noch einmal gezählt werden. Für die ritterschaftlichen Dörfer lag nur im Amte Schweinitz genügendes Material vor; in den übrigen Ämtern mußten die Visitationsprotokolle herangezogen werden; für das Amt Wittenberg bot Oppermann wichtige Angaben.

Die Spalten 6 und 7 bringen die Zahl der freien Sitze auf dem platten Lande.

---

[1] Vgl. hierzu die Übersichtskarte.

[2] Bedeutend nur im Amte Wittenberg, wo 14 Dörfer dem Rat oder der Universität gehörten.

[3] Vgl S. 12.

Zu Spalte 8. Die Durchschnittshufenzahl wurde nach den Zahlen gewonnen, die die Erbbücher für die gesamte Feldmark des Dorfes gaben; eine Zusammenrechnung der Hufenzahlen der einzelnen Güter führte bisweilen zu abweichenden Resultaten, doch wurden nur ganz offenbare Irrtümer berichtigt, da sich nicht entscheiden läßt, auf welcher Seite der Fehler liegt.

Zu Spalte 9. Bei den Durchschnittshufenzahlen sind die Pfarr- und Gotteshufen auch dann nicht berücksichtigt, wenn sie an Bauern ausgetan waren.

Spalte 10 enthält die durchschnittliche Zahl der Lehnhufen im Besitz der Schulzen; Erbhufen im Besitz von Schulzen sind nicht in Betracht gezogen, deshalb kommt die Durchschnittshufenzahl des Schulzengutes etwas zu klein heraus.

Die Spalten 11—14 orientieren über die Lehnmänner; „reine Lehnmänner" wollten wir solche nennen, die neben ihren Lehnhufen keine Erbhufen haben; Spalte 14 bezieht sich nur auf die Lehnhufen.

Die Spalten 15 und 16 lassen das Verhältnis der Hüfner zu den Kossäten für die einzelnen Ämter erkennen.

Die Spalten 17—19 endlich suchen einen raschen Überblick über die Dienstverhältnisse zu ermöglichen.

Es liegt in den Quellen begründet, daß die Angaben der Tabelle nicht unbedingt zuverlässig sind, doch sind die Fehler nicht so groß, daß sie etwas Wesentliches am Gesamtbilde ändern könnten.

Wir beginnen unseren Rundgang in der südlichen Niederung.

A. Die Niederung.

1. Das alte Amt Trebitz.

Im alten Amte Trebitz, der sogenannten Wittenberger Aue, ist das ritterliche Element stark vertreten; das Streben nach Vereinigung mehrerer Dörfer in einer Hand ist unverkennbar; dem Merten List auf Wartenburg z. B. gehören außer Wartenburg noch Radis, Rackith, Uthausen und (im alten Amte Wittenberg) Listerfehrda.

Freie Sitze sind 1528 nachweisbar in Seegrehna, wo drei ehrbare Mannen wohnen.

Die Schulzen heben sich von der Masse der Hüfner kaum ab; nur der Bleddiner Lehnrichter verdient sein Gut mit dem Lehnpferde; die anderen sind wohl meist „Erbrichter"[1].

Es gibt einige (uneigentliche) Lehnmänner, die neben ihren Lehn- noch Erbhufen haben und sich von den übrigen Hüfnern nicht unterscheiden.

Die Dienste werden stets für die Dorfschaft als solche

[1] Vgl. S. 16 a. 1.

festgesetzt; dies oder jenes Dorf entsendet so und so viel Mann zum Pflügen, zum Harken usw. Die Frohnen bestehen aus Pflugdiensten auf den Amtsvorwerken Pratau und Bleesern, Mistfahren und Handdiensten in der Heu- und Getreideernte daselbst [1]; sie scheinen schwer empfunden worden zu sein; von den Seegrehnaschen Bauern z. B. heißt es: „Und derweil Inen solcher Dinst [Mistfahren aus dem Kuhstall zu Bleesern] fast beschwerlichen, [wird] Inen mit einem hofegeschirr 2 tage [2] hulffe gethann."

2. Die Schweinitzer Audörfer.

Ganz ähnlich liegen die Verhältnisse im Amte Schweinitz südlich der schwarzen Elster, in den „Audörfern". Auch hier sitzt eine mächtige Ritterschaft; besonders reich begütert sind die Familien Löser und Canitz.

Die ehrbare Mannschaft finden wir in verschiedenen Dörfern.

Größere Feldmarken und größere Einwohnerzahlen zeichnen die Dörfer vor denen des alten Amtes Trebitz aus; die Durchschnittshufenzahl des Bauerngutes bleibt aber unverändert.

Bäuerliche Lehnmänner treten nur ganz vereinzelt auf.

Die Schulzen haben lediglich Amtsfuhren zu leisten, diese allerdings „nach des Ampts erfordern"; „von allen Richtern der Dinste halben abgesondert und derselben allenthalben frey" ist der Schulze von Battin, der ein Lehnpferd stellt; die übrigen Richter geben das Bestpferd bei Lehnfall, nach Lampe [3] eine ältere Form der Lehenware, von der sie jedoch nicht befreit sind.

Die gewöhnlichen Hüfner tun ungesetzte Ackerdienste, dazu Pferde- und Handdienste in der Ernte.

Die Kossäten leisten ungemessene Handdienste.

3. Die Schweinitzer Buschdörfer.

Hart links an der Elster entlang und nördlich von ihr liegen die sogenannten „Buschdörfer".

Die Zahl der Ortschaften ritterlichen Besitzes ist hier verhältnismäßig geringer als in der Aue; schon dort kann man eine gewisse Häufung der ritterschaftlichen Dörfer an der Elbe wahrnehmen, im Busch ist die Trennung zwischen ihnen und den reinen Bauerndörfern noch deutlicher: Gorsdorf, Hemsendorf und Ruhlsdorf im Westen gehören noch zu dem Komplex ritterlicher Dörfer an der Elbe oberhalb der Elstermündung; ein ähnliches Konglomerat erscheint im Osten an der Grenze unseres Gebietes bei Schönwalde.

---

[1] Von der verwirrenden Mannigfaltigkeit im einzelnen gibt Oppermann eine Vorstellung.

[2] 1513 nur 1½ Tag. Opp. 65.

[3] S. 12.

Zwischen den beiden ritterlichen Komplexen liegen die eigentlichen „Buschdörfer“[1] als reine Bauerndörfer.

Hier treffen wir zum ersten Male in seiner vollen Ausbildung das Institut der Lehnmänner, während die ehrbaren Mannen von nun an verschwinden.

Unter den 26 Buschdörfern sind nur 8 ohne Lehnmänner; in achten sitzt einer, in sechsen ihrer zwei, in zweien ihrer drei neben dem Richter; in Dubro sind es sogar 4, in Grassau 5 Lehnmänner neben dem Schulzen. Sie bebauen eine, zwei, wohl auch drei freie Lehnhufen und haben keine Erbhufen. Mit den Richtern stehen sie auf einer Stufe; ihre Dienste sind die der Schulzen in den Schweinitzer Audörfern. Zur Abgabe des Bestpferdes scheinen Richter wie Lehnmänner verpflichtet zu sein; das Lehnpferd wird in Wendisch-Linda gefordert.

Die Hüfner und Kossäten dienen wie in der Aue.

4. Amt Seyda (Buschdörfer).

Die geschilderten Verhältnisse setzen sich in dem südlichen Teile des Amtes Seyda fort; die Niederungsdörfer heißen im Erbbuche ebenfalls die „Buschdörfer“, werden aber von den Dörfern auf dem Plateau im übrigen nicht getrennt; wir müssen aus sachlichen Gründen diese Scheidung einführen.

Ritterschaft und ehrbare Mannschaft fehlen auch in den Seydaer Buschdörfern ganz.

Die Hälfte der Dörfer zeigt Lehnmänner mit 3—4 freien Lehnhufen, ohne Erbhufen; Schadewalde und Mügeln haben je einen, Gentha drei Lehnmänner.

Zu den ungemessenen Amtsfuhren der Richter und Lehnmänner des Schweinitzer Busches gesellen sich hier noch Ernte- und Jagdfuhren; das Lehnpferd müssen Richter und Lehnmänner allgemein stellen. Eine andere Verpflichtung erscheint hier zum ersten Male: „Wann vnd so ofte es befohlen wird, Seindt sie die Grenitzen vnd strassen zu bereiten schuldigk.“

Die Dienste der Hüfner und Kossäten sind die gleichen wie in Schweinitz; eine „Satzung“ gibt es nicht.

B. Der Südabfall des Höhenrückens.

Das alte Amt Wittenberg.

Nachdem wir uns einen Überblick über die Verhältnisse in der Elster-Elbeniederung verschafft haben, schicken wir uns an, auf das Diluvialplateau hinaufzusteigen; es empfiehlt sich, zunächst die flache Abdachung des westlichen Teiles

---

[1] Vgl. unten S. 39 ff.

unseres Höhenrückens, die vom alten Amt Wittenberg eingenommen wird, ins Auge zu fassen.

Zu diesem Amt gehören auch noch die Dörfer hart links an der Elbe, genau wie die Schweinitzer Buschdörfer über die Elster hinausreichten.

Die vier ritterschaftlichen Dörfer machen einen verschwindend geringen Bruchteil der Gesamtzahl aus, wenn man bedenkt, daß zu den 11 Amtsdörfern noch 14 Rats- und Universitätsdörfer kommen; drei von ihnen liegen, wie wir schon öfter beobachten konnten, dicht beieinander; es sind dies Ließnitz (jetzt „Kropstedt“), Jahmo und Weddin.

Die Zahl der zur Feldmark und zum einzelnen Bauerngut gehörigen Hufen[1] zeigt gegen die Niederung keine wesentlichen Änderungen; erwähnt mag werden, daß wir im alten Amte Wittenberg die kleinste Durchschnittseinwohnerzahl des Dorfes finden, was seinen Grund in der geringen Zahl der Kossäten hat.

Mit den Buschdörfern hat das alte Amt Wittenberg das häufige Vorkommen von Lehnmännern gemein; diese haben auch hier keine Erbhufen bis auf die beiden Lehnmänner in Straach, deren einer nur $^1/_4$ Lehnhufe neben $^3/_4$ Erbhufe besitzt, während ein anderer $^2/_4$ Lehnhufe neben $^6/_4$ Erbhufe hat. Eine Parallele bietet der Braunsdorfer Richter mit $^1/_4$ Lehnhufe neben 2 Erbhufen.

Die Richter sind „in Vhedes oder Krieges leuften ein Wolgerüst pferd und Mahn zu halten vorpflicht“; desgleichen wohl auch die Lehnmänner.

Die Dienste werden genau wie im alten Amte Trebitz nicht für die einzelnen bäuerlichen Klassen, sondern für die Dorfschaften im ganzen festgesetzt, wobei von einer Befreiung der Richter und Lehnmänner nichts erwähnt wird. Mochau z. B. hat einen Richter, zwei Hüfner und drei Kossäten; es muß fünf Mann zum Grasmähen, vier Mann zum Harken nach den Vorwerken Pratau und Bleesern senden; zum Hafermähen und Bachräumen sind alle Einwohner verpflichtet.

Pferdedienste fehlen im ganzen alten Amt bis auf Reinsdorf, das in Pratau pflügt.

C. Das Plateau.

1. Amt Seyda (Plateaudörfer).

Der Südabfall weist also keine wesentlichen Verschiedenheiten gegenüber der Niederung auf; die Verhältnisse ändern sich aber auf dem eigentlichen Plateau.

---

[1] Zu Grabo (Durchschnittszahl 5,1 Hufen) gehörte die Wüstemark Rockendorf, die vom Erbbuch mit eingerechnet wird; die Zahl der „Dorfhufen“ erfahren wir nicht. Ähnlich steht es wahrscheinlich bei Mochau (9,0 Hufen!). Beide Dörfer wurden bei der Berechnung ausgeschieden.

Der nördliche Teil des Amtes Seyda, den wir von den „Buschdörfern“ trennten, bietet das erste Beispiel.

Die Größe der Feldmark erhebt sich plötzlich auf 42,2 Hufen; es steigt nicht die Zahl der Hüfner, sondern die Größe des Hüfnergutes, die durchschnittlich 3,7 Hufen beträgt.

Was die Dienste anlangt, so geht unverkennbar die Tendenz dahin, die schweren Frohnen der Seydaer Buschdörfer zu mildern.

Zunächst sind die Richter und Lehnmänner der nördlichen Plateaudörfer der Fuhren frei; sie stellen lediglich das Lehnpferd und bewachen die Grenzen.

In Kurzlipsdorf sind drei unter sechs Hüfnern vom Pflugdienst und Küchenholzfahren befreit; sie müssen dafür mit den Schulzen und Lehnmännern die Grenzen bereiten.

In Öhna sind die Hüfner des Pflügens, Eggens und Mistfahrens frei; nur neun von den zwölf helfen Getreide harken und binden.

In Seehausen haben vier Hüfner von sechzehn keine Dienste zu leisten.

Die Kossäten sind im allgemeinen zu ungesetzten Handfrohnen verpflichtet; „dienstfrei gegen ihren Zins“ sind die von Gölsdorf an der Nordgrenze des Amtes.

Die Lehnmänner wurden bereits erwähnt; in sechs von den neun Dörfern sitzen sie, meist je einer, in Morxdorf ihrer zwei. Die Zahl ihrer Lehnhufen hat Schritt gehalten mit der Steigerung der Durchschnittshufenzahl des Bauerngutes; „uneigentliche Lehnmänner“ finden wir in Seehausen und Niederseefeld, sie haben nur eine freie Lehnhufe neben 2 bzw. 5 Erbhufen.

Die Ritterschaft fehlt auch hier vollkommen; ein ehrbarer Mann sitzt versprengt in Öhna.

2. Amt Jüterbog.

Das nördlich benachbarte Amt Jüterbog hat keine „Buschdörfer“; es liegt in seiner ganzen Ausdehnung auf dem Plateau.

Über die Anzahl der ritterlichen Dörfer in diesem Amte können wir genaue Angaben nicht bringen, da uns die Quellen im Stiche lassen; jedenfalls finden sich die Amtsdörfer in geschlossener Masse von Lindow im Nordwesten bis Lichterfelde und Körbitz im Südosten; hier beginnen dann ritterschaftliche Dörfer in größerer Zahl aufzutreten.

Die Verhältnisse in den Amtsdörfern nun sind ganz außerordentlich günstige:

Die Feldmarken und die einzelnen Bauerngüter haben die bedeutende Größe, die wir bei den Seydaer Plateaudörfern beobachteten.

Die Schulzen brauchen lediglich ein Lehnpferd zu halten, „welches die Herren Beamten zu der gnädigsten Herrschaft vndt ihrer Ambts Vorrichtung nebenst einem Knecht gebrauchen mögen"; für Dienstleistungen dieser Art werden Mahl, Futter und 18 gr. pro Tag gegeben.

Die Lehnmänner fehlen, wenn wir nicht den zweiten „Schulzen" in Rohrbeck hierher rechnen wollen.

Die gewöhnlichen Hüfner sind unvergleichlich besser gestellt, als wir bisher beobachten konnten. Wirtschaftsdienste haben sie gar nicht zu leisten, nur zu den gewöhnlichen Amtsfuhren wie Pachtgetreide-, Wein- und Bauholzfahren sind sie verpflichtet; Ladung, Dauer der „Reise", täglicher Weg sind genau bestimmt, außerdem wird der Dienst mit 18 gr. und 2 schfl. Hafer (wohl pro Tag) vergütet.

Nur das Jüterbog benachbarte Dennewitz ist mit einem wirtschaftlichen Dienst, der „Beschickung der kleinen Schloßbreite" belastet.

Einen Tag in der Woche, „mit Hand und Fuß" (d. h. durch Botschaftlaufen) dienen die Kossäten, die in den besprochenen Ämtern meist ungesetzte Dienste taten.

Eine Sonderstellung nehmen vier Dörfer ein, die dem Jungfrauenkloster in Jüterbog gehört hatten (die „Nonnendörfer"): In Höfgen im Südosten, in Kaltenborn, Lindow und Dalichow im Nordwesten müssen Schulzen und Hüfner je 6 Tage im Frühling und Herbst ackern, 6 Klafter Holz anfahren, Wein schneiden und Schafe scheren; die Kossäten dienen hier 12 Tage während der Ernte.

3. Das alte Amt Zahna.

Das Amt Zahna ähnelt dem Amte Jüterbog sehr.

Der Adel fehlt vollkommen.

Die Größe des Bauerngutes verändert sich nicht wesentlich.

Die Zahl der Lehnmänner dagegen ist beträchtlich; in elf Ortschaften sitzen sie oft zu zweien, wohl auch zu dreien im Dorf; im Gegensatz zum Busch überwiegen jedoch die „uneigentlichen" Lehnmänner; nur in Külso und Klebitz gibt es „reine" Lehnmänner; bei den übrigen sind die Erbhufen meist in der Überzahl, infolgedessen heben sich die Lehngüter von den gewöhnlichen Hüfnergütern fast gar nicht ab[1].

Die Richter müssen das Lehnpferd halten und „dem Ampt Inn herfarts zugen, gemeiner Landvolgenn vnnd wann sie sonsten zur grentz bereittung erfordert, gehorsam Volge thun".

Die gewöhnlichen Hüfner, zu denen die uneigentlichen Lehnmänner zu rechnen sind, leisten nur Amtsfuhren.

Die Kossäten sind vermutlich dienstfrei gegen ihren Zins wie etwa die zu Gölsdorf im Amte Seyda (Plateau)[2], wenigstens werden keine Verpflichtungen erwähnt; nur bei Danna be-

---

[1] Vgl. Oppermann 77 ff.

[2] Vgl. S. 23.

merkt das Erbbuch: „so die gertner auch Pferde hetten, seindt sie gleichergestalt mit anzuspannen schuldigk“ (d. h. zu den Amtsfuhren).

Nur drei Dörfer sind strenger verpflichtet; sie verleugnen ihre Nachbarschaft mit dem alten Amte Wittenberg nicht: Külso, Bülzig und Woltersdorf helfen in der Heuernte auf den Vorwerken, räumen die Bäche, „schlagen im Amt (d. h. auf den Amtsböden) Getreide um, wann und wo sie erfordert werden“ usw.

Kerzendorf dient „seiner geringen güter halben“ gar nicht.

4. Das alte Amt Rabenstein.

Die Ämter Jüterbog und Zahna bedeuteten einen Höhepunkt in der Stellung der Bauern; im Amt Rabenstein befinden wir uns bereits auf absteigender Kurve.

Reines Bauernland haben wir auch hier; nur am Westrande des Amtes, in der Nachbarschaft der ehemaligen Vogtei Wiesenburg, finden wir ein ritterliches Vorwerk lediglich mit Kossäten (Klepzig); dort lag auch das aufgeteilte Kossätenvorwerk Mützdorf[1].

Die Durchschnittshufenzahl des Bauerngutes bleibt hinter den Zahlen der vorigen Ämter zurück; das bewirken die Dörfer in und an dem tief einschneidenden Planetal (Zixdorf mit 2,6; Garrey mit 2,5; Rädigke mit 2,7; Raben mit 2,0; auch Neuendorf mit 3,0 Hufen pro Bauerngut im Durchschnitt).

Es gibt nur einen Lehnmann im Amte, Dix Edelingk zu Garrey; dieser muß gleich den Lehnschulzen im Harnisch „ufn Halt reuten“; außerdem wird das Lehnpferd gehalten.

Die gewöhnlichen Hüfner haben neben den Amtsfuhren noch Ackerfrohnen[2]; sie müssen auf den Vorwerken Rabenstein und Zehrensdorf ein bestimmtes Stück Acker „beschicken“; ihr Dienst ist also räumlich festgesetzt (Planscharwerk). Daß dieser Dienst nicht beliebig vermehrt werden konnte, geht aus einem Bericht an den Kurfürsten August vom Jahre 1569[3] hervor: Für ein „neugerissenes Heidefeld“ hat man keine Frohnen, deshalb müssen 3 Geschirre, nämlich 2 Pferde und 8 Zugochsen, neu angeschafft werden.

Die Kossäten haben gesetzte Handdienste.

Nur in dem unter dem Rabenstein gelegenen Dorfe Raben tun Hüfner und Kossäten ungesetzte Haushaltungsdienste auf dem Schlosse.

5. Die ehemalige Vogtei Wiesenburg.

Die westlichen Teile der Ämter Zahna und Rabenstein lagen bereits im waldreichen Teile der Hochfläche; die Vogtei

---

[1] Über die Entstehung dieser Vorwerke handeln wir Teil II 49 a. 4.
[2] Vgl. aber unten S. 34.
[3] Falke 89.

Wiesenburg stellt sich als geschlossener Waldkomplex dar („Brandtsheide").

Dieses Gebiet wird uns im zweiten Teile dieser Arbeit näher zu beschäftigen haben; wir stellen vorläufig nur Folgendes fest:

Die alten Dörfer Reetz, Jeserig[1] und Schlamau entsprechen in ihrer Gütergröße den Rabensteinschen Dörfern; die beiden 1575 und 1592 noch bestehenden Hüfner im „Städtlein" Wiesenburg hatten je 3 Hufen.

Wiesenburg, Reetz und Jeserig hatten Lehn-, Schlamau hatte einen Erbschulzen; neben ihnen standen in Jeserig zwei Lehnmänner mit Hufen in der Dorfmark; andere Lehnmänner haben Lehnhufen bzw. Lehnackerstücke auf Wüstungen (auf Miltendorf z. B. 5 fr. Lehnhufen).

Schulzen und Lehnmänner leisten im 16. Jahrhundert nur die Landfuhren (ausgenommen natürlich der Schlamauer Schulze, der gleich den Hüfnern dient); das Lehnpferd stellen 1575 noch die Jeseriger Lehnmänner.

Die Hüfner und Kossäten haben theoretisch ungemessene, tatsächlich aber, wie wir sehen werden, gesetzte und zwar ziemlich leichte Dienste.

D. Die nördliche Vorstufe des Grenzwalles.

Das alte Amt Belzig.

An die ehemalige Vogtei Wiesenburg schließt sich nach Osten das alte Amt Belzig auf der nördlichen Vorstufe.

Der ritterschaftliche Besitz macht sich hier wieder mehr geltend; wir müssen aber für unsere Betrachtung die am Rande der Brandtsheide entlang liegenden Kossätenvorwerke ausscheiden, wie wir es im Amte Rabenstein bereits getan haben. Dann bleiben als Enklaven im reinen Bauernland nur drei Rittersitze übrig, nämlich Rietz östlich von Niemegk (vielleicht zum Amte Rabenstein zu rechnen), Fredersdorf, ein Lehen des Brandenburger Domkapitels und Dahnsdorf, die Deutschordenskommende, die wir bereits erwähnt haben[2]); es erscheint dann ein Bild entsprechend dem, welches uns der Südabfall des Höhenrückens (das alte Amt Wittenberg) bot.

Auch die Durchschnittsgröße des Bauerngutes auf der nördlichen Vorstufe entspricht fast genau der des Südabfalls, genauer als die Tabelle erkennen läßt. Das alte Amt Belzig nämlich deckt sich nicht ganz mit der Vorstufe, sondern schiebt sich südlich auf den Höhenrand hinauf; die dortigen Dörfer aber stellen sich mit ihren größeren Gütern zu denen auf dem

---

[1] In Jeserig wird nicht nach Hufen, sondern nach Aussaat angegeben.
[2] Vgl. oben S. 12 und 15.

Plateau (Kranepuhl hat 3,3; Grubo 3,8; Lühnsdorf 3,9; Buchholz 4,2 Hufen Durchschnittsgröße).

Aber auch auf der eigentlichen Vorstufe liegen, besonders im Nordosten, einzelne Dörfer mit großen Gütern eingesprengt (Jeserig bei Treuenbrietzen mit 3,7; Schwanebeck mit 4,8; Ziezow mit 4,9; Nieder-Werbig mit etwa 5 Hufen Durchschnittsgröße).

Die Institution der Lehnmänner ist kräftig ausgebildet, obwohl nur sechs Dörfer sie besitzen; die Anhäufung in diesen Dörfern schafft den Ausgleich. Ein nicht unbedeutender Prozentsatz besitzt neben den Lehnhufen auch Erbhufen; nur eine halbe Lehnhufe verbunden mit Erbhufen kommt in Rottstock vor.

Die Schulzen und die „reinen Lehnmänner" erscheinen zu Pferde und im Harnisch, um die Grenzen zu bereiten; sie stellen das Lehnpferd.

Die anderen Hüfner haben außer den Amtsfuhren mäßige Ackerdienste auf dem Belziger Amtsvorwerk zu leisten.

Die Kossäten aber sind zu ungesetzten Handdiensten verpflichtet.

Ganz gesondert steht das Dorf Schwanebeck da, dessen große Güter wir eben erwähnten; die günstigen Verhältnisse der Ämter Jüterbog und Zahna wiederholen sich hier: das Dorf hat nur die Amtsfuhren zu tun; von den elf Kossäten sind vier zu mäßigen Diensten verbunden, u. a. helfen sie das Schloß Eisenhardt vor Belzig bewachen.

Das Dorf hat ein Lehnschulzengut von 6 Hufen, ein gleich großes Lehnmannsgut und zwei Lehnmannsgüter zu je 4 freien Hufen; die gewöhnlichen Hüfner haben 6 und 4 Hufen.

g) Die verschiedenen Zonen.

Schauen wir am Ende unserer Wanderung noch einmal zurück, so stellt sich uns in großen Zügen die Verteilung der verschiedenen Bevölkerungsklassen dar wie folgt:

Die Ritterschaft sitzt am dichtesten südlich der Elster und Elbe in der sog. „Aue". Nördlich davon nimmt sie nicht die hervorragende Stellung ein; nur im äußersten Osten unseres Gebietes, von der Niederlausitz her, schiebt sich ein Streifen mit vorwiegend ritterlichem Besitz herein (Osten des Amtes Jüterbog und des Schweinitzer Busches); sonst treffen wir nur einzelne ritterliche Dörfer. Ganz absehen müssen wir von der in Privatbesitz übergegangenen Vogtei Wiesenburg; hier herrschen besondere Verhältnisse, auf die wir im zweiten Teile näher eingehen werden.

Die ehrbare Mannschaft fehlt, abgesehen von den Burgmannen der landesherrlichen Schlösser, rechts der Elster und Elbe ganz bis auf den freien Sitz zu Öhna (A. Seyda).

Wo der Adel zurücktritt, erscheinen die bäuerlichen Lehnmänner. In der Aue gab es nur einige „uneigentliche Lehnmänner“; in den Bauerndörfern des Busches erscheinen die „reinen Lehnmänner“ in großer Zahl; auf dem Südabhang und der nördlichen Vorstufe sind ihnen „uneigentliche Lehnmänner“ beigemischt, die Häufigkeit des Vorkommens nimmt ab; noch weniger kräftig ist die Institution auf dem eigentlichen Höhenrücken ausgebildet, wo fast nur Lehnhufen in Verbindung mit Erbhufen vorkommen, soweit die Lehnmänner nicht überhaupt fehlen (wie im A. Jüterbog).

Eine zweite Teilung ergibt sich, wenn wir die durchschnittliche Größe der Bauerngüter betrachten[1].

Ein fast ununterbrochener Streifen von Dörfern, deren Güter 3, 4, 5, ja sogar 6 Hufen Durchschnittsgröße übersteigen, nimmt den waldlosen Teil des Höhenrückens ein; bei Raben durch das tief einschneidende Planetal unterbrochen, setzt er sich im Waldgebiet bis in die Brandtsheide hinein fort. Außerhalb dieses Streifens erreichen nur im nördlichen Vorlande einige Dörfer ähnliche Zahlen.

In bezug auf die Dienste können wir drei verschiedene Zonen unterscheiden.

Schwere, in Schweinitz und Seyda ungesetzte Spann- und Handdienste leisten die Dörfer in der südlichen Niederung; die Richter und Lehnmänner sind, soweit sie überhaupt besonders genannt werden, zu ungemessenen Amtsfuhren, in Seyda sogar zu Erntefuhren verpflichtet; dementsprechend werden, soweit wir sehen, auch die Kossäten zu ungesetzten Handdiensten herangezogen.

Die zweite Zone wird von dem waldreichen Teile des Diluvialplateaus gebildet. Hier sind im allgemeinen die Schulzen und Lehnmänner nur zur Stellung des Lehnpferdes, auch wohl zur Grenzbereitung verpflichtet. Die übrigen Hüfner leisten außer den Amtsfuhren mäßige Acker- und Erntespanndienste. Die Kossäten haben z. T. gemessene Frohnen.

Das alte Amt Wittenberg stellt sich mit seiner Konfundierung der drei bäuerlichen Klassen zum alten Amt Trebitz in der Aue, hat aber nicht die schweren Ackerdienste der Audörfer, so daß es ein Mittelglied zwischen den Ämtern der Niederung und denen des waldreichen Gebietes darstellt.

Die dritte Zone endlich deckt sich mit dem waldlosen Streifen; sie ist charakterisiert dadurch, daß auch die gewöhnlichen Hüfner keine Vorwerksdienste leisten, sondern nur zu Amtsfuhren verpflichtet sind wie in der Niederung die Lehnschulzen und Lehnmänner, die hier das Lehnpferd stellen.

---

[1] Hierzu vgl. die Übersichtskarte.

Ausnahmen bilden die Randteile des waldlosen Streifens, die zu Seyda und Rabenstein gehören, sowie die Jüterboger Nonnendörfer.

h) Der „Fläming".

Unsere Zusammenstellungen ergeben, daß das waldlose Gebiet vor allen anderen bevorzugt ist.

Abgesehen von einem verhältnismäßig kleinen Stück im Osten haben wir hier reines Bauernland.

Die Güter erreichen eine auffallende Größe, dabei ist der Boden, wie wir wissen, ein vorzüglicher.

Die Dienstverpflichtungen sind im allgemeinen sehr gering.

Dieser waldlose Streifen nun, etwa von Niemegk im Westen bis gegen Dahme im Osten, wird vom Volke „Up'n hohen Flemming" genannt, in bewußtem Gegensatz zu den „Buschdörfern" im Norden[1] und im Süden, aber auch zu den Dörfern im Waldgebiet, für die man einen besonderen Namen nicht hat. Im alten Amt Rabenstein z. B. rechnet man Hohen-Werbig, Lobbese, Zeuden und Pflückuff zum „hohen Fläming", nicht jedoch die übrigen Dörfer, die orographisch zu ihnen gehören[2].

Keineswegs nämlich ist die Bezeichnung „auf dem hohen Fläming" eine orographische; man muß den „Fläming" des Volkes scharf scheiden von dem der Geographen; diese nennen „Fläming" den Höhenzug, den wir bisher mit „Sächsischer Grenzwall" bezeichnet haben.

Es hat auf diesem Grenzwall in früherer Zeit mehrere „Fläminge" gegeben; v. Wersebe stellt sie zusammen und verfolgt die weitere Entwicklung[3]: die ungezügelte Phantasie der älteren Schriftsteller betätigt sich im Auffinden immer neuer „Fläminge" und in der Erweiterung der alten, bis schließlich das ganze Gebiet des „Grenzwalles" von ihnen erfüllt ist; das orographische Moment kommt durch die Bezeichnung „hoher Fläming" hinein, die man aus dem Munde des Volkes für unsere Gegend kannte.

Als physikalisch-geographische Benennung im heutigen Sinne wird „Fläming" seit Heinrich Berghaus gebraucht[4].

Dieser Name ist, wie gesagt, ein rein wissenschaftlicher, das Volk kennt ihn nicht; aber auch nach den lokalen

---

[1] Der Name ist bei Treuenbrietzen für die Niederungsdörfer üblich.

[2] Für den westlichen Teil ist der Verfasser ortskundig, für den östlichen Teil lagen ihm Mitteilungen dortiger Gutsbesitzer vor; für den Osten vgl. auch Winter, F.: „Die Sprachgrenze zwischen Platt- u. Mitteldeutsch im Süden von Jüterbog". N. Mitt. d. sächs.-thür. Ver. f. Altertumsk. IX, 2, S. 2—21.

[3] II, 637 ff. Ihm folgt im wesentlichen Schöne 1 ff.

[4] Landbuch III, 594 ff. Schöne (S. 9) bestreitet Berghaus das Verdienst, der „Wiederentdecker des Flämings" zu sein; dazu Weyhe I, 116.

„Flämingen“ wird man vergebens fragen [1]; einzig und allein in unserem Gebiete hat sich die Bezeichnung lebendig gehalten und zwar, wie gesagt, nicht als eine dunkle Erinnerung, sondern als der Name eines scharf umrissenen Gebietes [2]. Nur dadurch, daß man es unterlassen hat, beim Volke anzufragen, konnten die unklaren Vorstellungen entstehen, die nicht nur in den Ortschroniken ihr Wesen treiben; einen einigermaßen klaren Begriff von dem, was das Volk unter seinem Fläming versteht, hat, so weit wir sehen, eigentlich nur Berghaus, wenn er sagt [3]: „... bezieht sich aber vornehmlich auf denjenigen Strich der Hochebene, der vom oberen Planethal bis in die Gegend der Stadt Dahme sich erstreckt ..., jenseits d. h. auf der Abendseite des Planethals ist die Benennung Vläming für die dahinwärts sich ausdehnende Hochebene nicht gebräuchlich.“

Der Name „Fläming“ hat vom 16. Jahrhundert an bis in die neueste Zeit zu teilweise recht gewagten Vermutungen Anlaß gegeben; mit Sicherheit können wir nur eins aus ihm schließen: Es hat hier eine besonders starke, zusammenhängende Ansetzung von Kolonisten stattgefunden, die man „Fläminger“ nannte; eine besonders starke Ansetzung deshalb, weil sonst der Name „Fläming“ nichts Besonderes gehabt hätte, denn „flämische“ Siedler gab es auch in der Niederung; E. O. Schulze sagt darüber [4]: „An der Elbe saßen die Kolonisten in fast ununterbrochenem Zuge von Krakau bei Magdeburg an über Gommern, Leitzkau, Zerbst, Aken, Dessau, Wörlitz, Pratau [5], Wittenberg, Pretzsch, Prettin und hinüber zur schwarzen Elster bei Übigau und Schweinitz“.

Diese Kolonisten fanden eine, wenn auch dünne, slawische Bevölkerung vor, die unter ihnen sitzen blieb, im selben Dorfe oder auch in besonderen wendischen Dörfern.

Im alten Amte Trebitz gibt es nach dem Amtsbuche von 1513 [6] zwei Landgerichte, die von den Schulzen bestimmter Dorfschaften besucht und „Dewitzsches“ und „wendisches

---

[1] Ein solcher lag sicher gegenüber von Magdeburg (Wersebe II, 683); ein anderer wahrscheinlich im Zerbster Land. Schöne (S. 5) bezweifelt Beckmanns Angabe in der „Historie des Fürstentums Anhalt“ (Zerbst 1710), für die Weyhe (I, 116) einen Beleg anführt.

Weyhe wurde bei seinen Erkundigungen im Anhaltischen stets nach Osten gewiesen (I, 116).

[2] wenn man auch über die Zugehörigkeit dieses oder jenes Dorfes bisweilen widersprechende Meinungen hört; der ursprüngliche Begriff macht übrigens unter dem Einfluß der Schule und der populären Literatur mehr und mehr dem wissenschaftlichen Platz.

[3] III, 599.

[4] S. 130.

[5] Im alten Amt Wittenberg, links der Elbe. Die Kirche als Gründung Albrechts des Bären erwähnt C.d.A. I, Nr. 711. Direkte Gründungsurkunden fehlen für unser Gebiet.

[6] Oppermann 114 ff.

Gericht" genannt werden; Oppermann entscheidet sich mit einleuchtenden Gründen dafür, daß wir es hier mit der deutschen und der wendischen Schöffenbank des Amtes Trebitz zu tun haben. Denken wir außerdem daran, daß ja im Amte Trebitz der Erbschulze anstelle des Lehnschulzen, das Laßrecht anstelle des Erbzinsrechtes nicht selten ist, so kommen wir zu der Überzeugung, daß sich hier eine nicht ganz unbedeutende slawische Bevölkerung gehalten haben muß.

Das seltene Vorkommen deutscher Ortsnamen unter den vielen wendischen stimmt damit gut überein und läßt für die Schweinitzer Aue denselben Schluß zu.

Dörfer wie Wendisch-Linda und Wendisch-Ahlsdorf im Amt Schweinitz nördlich der Elster weisen ebenfalls darauf hin[1], daß slawische Besiedlung vorgefunden wurde.

Auch für das alte Amt Wittenberg müssen wir diese Annahme machen; die deutschen Ortsnamen sind hier wie in der Aue ganz im Hintertreffen, außerdem finden wir eine auffallende Häufung von Rundlingen, die sonst in unserer Gegend so gut wie gar nicht vorkommen[2], besonders im Südosten des Amts mit Ausnahme der hart an der Elbe liegenden Dörfer. Allerdings heißt das alte Amt Wittenberg in den Erbbüchern häufig auch die „kleinflemmingische Pflege" im Gegensatz zur „großflemmingischen", dem Amte Zahna; von dieser Bezeichnung ist im Volke keine Erinnerung mehr vorhanden, sie ist wohl bereits geographisch zu verstehen („in der auwe" — „uffem flemming"); jedenfalls war das spätere Amt bereits von Slawen bewohnt, die wohl kaum gänzlich ausgerottet worden sind.

Die benachbarte Stadt Zahna hatte wendische Bewohner. Oppermann[3] bemerkt, daß dort 22 Hüfner im Besitze von „flämischen, wendischen und frondalischen Hufen" seien; E. O. Schulze[4] spricht von „20 flämischen und 28 geringeren wendischen Hufen". Die Visitationsprotokolle[5] erwähnen „1 flemische mark" mit 38 Hufen, „1 fahrendahlische mark" mit 40 Hufen, „1 Jegenmarkische mark" mit 13 Hufen und später auch eine „wendische mark". Eine Urkunde bei Riedel[6] berichtet von „dem Schepel korne dat man von den wendeschen houen ghift". Die wendischen Hufen hatten später dasselbe Recht wie die übrigen; die Wiesenburger Herrschaft sandte 1753 bei Gelegenheit einer Pachtrevision an das Kreisamt Wittenberg einen Fragebogen, in dem u. a. gefragt wurde, „was Eine wendische Hufe sey und was für Recht solche

[1] Doch vgl. unten S. 39 f.

[2] Die übrigen Dörfer sind typische Straßendörfer, Reihendörfer gibt es nicht; vgl. dazu auch S. 34 a. 1.

[3] S. 89.

[4] S. 228 a. 3.

[5] (Pallas) II, 374, 381.

[6] C.d.B., A VIII, 270 (ao. 1354).

habe?" „Antwort: Zu Zahna sind 4 Feldmarken, die Wendische von den alten Einwohnern, die flehmische von den neuen Besitzern also genant, darinnen die Hufen aniezo einerley Rechte haben."

Auf der nördlichen Seite des Grenzwalles machen häufige Zusammensetzungen mit „Wend-", „Wendisch-" slawische Bevölkerungsreste wahrscheinlich; bei Belzig z. B. liegen die wüsten Marken Seedoche, Grunddoche und Wenddoche („Wendischen Dochum" im Wiesenburger Archiv), „Wendisch-Pardietz" (wohl die heutige Mark Patitz) ist eine wüste Mark bei Niemegk, „Wenddorf" eine solche bei Grabo (Amt Belzig)[1], eine „Wendemark" liegt bei Weitzgrund nördlich von Belzig, eine andere dicht östlich bei Niemegk; ein Vorwerk „Wendemark" gehörte zu Rabenstein. Dem brandenburgischen „Kietz" entspricht vielleicht der „Karnipp" (◡ ◡́), ein Straßenname, der in verächtlichem Sinne gebraucht wird und deshalb aus der offiziellen Benennung verschwunden ist; solche Karnippe sind uns in Belzig und Jüterbog bekannt.

Auf dem hohen Fläming nun findet sich von einer festen Besiedlung durch Slawen keine Spur. Die deutschen Namen überwiegen[2], es sind z. T. die echten Kolonisationsnamen. Rundlinge gibt es nicht. Die Zusammensetzung mit „Wendisch-" fehlt; vielmehr entspricht dem Wendisch-Ahlsdorf in der Niederung das Hohen-Ahlsdorf auf dem Fläming, ebenso dem Wendisch-Linda das Lindow bei Jüterbog; die Matrikel des Bistums Brandenburg vom Jahre 1459[3] setzt die Dörfer geradezu als Alstorp Slavica bzw. teutonica und Linde Slavica bzw. teutonica einander gegenüber[4].

Unsere Beobachtungen drängen uns zu dem Schluß, daß auf dem hohen Fläming eine großzügige Kolonisation „von wilder Wurzel" stattgefunden haben muß; die weiten fruchtbaren Gefilde hätten also zur Zeit des deutschen Vordringens Wald getragen, in dem verstreut slawische Jäger und Zeidler hausen mochten.

Diese Vermutung gewinnt an Wahrscheinlichkeit, wenn andere Forscher aus ganz anderen Gründen zu derselben Ansicht kommen.

Keilhack, der die geologische Aufnahme unseres Gebietes geleitet hat, schließt in seinen „Erläuterungen zum Blatt Belzig"

[1] Hertel (Mgdbg. Gesch.-Bl. 34, 235) führt sie und Kartho fälschlich unter den „Wüstungen des Kreises Jerichow" auf.

[2] Das hat schon Berghaus beobachtet (III, 599 ff.).

[3] C.d.B., A VIII, 418 ff.

[4] Der Zusatz „Hohen-" wird als Gegensatz zum „Wendisch-" bisweilen auch dann gebraucht, wenn von einem Höhenunterschied kaum die Rede sein kann, so z. B. liegen dicht an der Westgrenze unseres Gebietes bei Görzke Hohen- und Wendlobbese in einer Niveaudifferenz von kaum 10 m.

aus der Anreicherung der Hochflächensande mit Humusstoffen, „daß der Fläming[1] wahrscheinlich in seiner Gesamtheit oder mindestens in einer bedeutend größeren Ausdehnung als heute in früheren Zeiten ein kleines Waldgebirge dargestellt hat, in dessen Waldbestand der Mensch nur wenig eingriff".

Zu demselben Resultat gelangt Curschmann[2], wo er die Grenzen des Gaues Plonim zu bestimmen sucht: „Im Süden bildeten die bewaldeten Höhen des Flemming[1] eine leicht erkennbare, natürliche Grenze gegen den Gau Ciervisti. In seiner westlichen Hälfte ist dieser Grenzwald noch heute wohl erhalten[3], im Osten dagegen ist er durch starke Rodung in eine große Zahl von Parzellen aufgelöst. Eine genauere Betrachtung des Kartenbildes läßt aber unschwer erkennen, daß diese unregelmäßigen Waldstücke als Reste eines einst zusammenhängenden, großen Waldgebietes anzusehen sind. Die ältesten kirchlichen Grenzbestimmungen stehen mit dieser Führung der Grenze gut im Einklange . . ."

Wir dürfen demnach mit ziemlicher Bestimmtheit behaupten: Der „hohe Fläming" war einst, wie heute das Gebiet der Brandtsheide, mit Wald bestanden, der dann der Axt der deutschen Einwanderer zum Opfer fiel[4].

i) Genetische Erklärung der aufgefundenen Verhältnisse.

Blicken wir von diesem neugewonnenen Standpunkt zurück, so erscheinen uns nunmehr die Verhältnisse, die wir oben kennen gelernt haben, nicht mehr als ein zufälliges Nebeneinander, sondern als das Produkt einer natürlichen, notwendigen Entwicklung. Deutsche Siedler, nicht mit Slawen vermischt, saßen „auf dem hohen Fläming" zu dem Recht, das den Kolonisten gewährt zu werden pflegte.

Dafür daß sie bei ihrer Rodetätigkeit unter den schwierigsten

---

[1] Gemeint offenbar, soweit er als orographisches Gebilde in Betracht kommt d. h. etwa bis zur Brandtsheide westlich.

[2] S. 156.

[3] Brandtsheide!

[4] Wie wir uns diesen Wald vorzustellen haben, ist nicht ganz klar; offenbar nicht als den geschlossenen gleichmäßigen Hochwald der heutigen Brandtsheide; einzelne niedrige Kiefern, untermischt mit Laubbäumen, werden ihn gebildet haben (vgl. S. 70f). Kolonisationsurkunden sind uns, wie schon erwähnt, nicht erhalten. Im Lande Jüterbog nahm Wichmann sogleich nach der Erwerbung die Kulturtätigkeit auf; wo die gegründeten Dörfer lagen, wissen wir nicht (Gerhardestorp könnte [Hohen- oder Nieder-] Görsdorf sein); Rothe und Rothwinestorp sind auf „Roden" gedeutet worden. Vgl. R.A.M. I, 1433 und C.d.B., A VIII, 114, 122. Letzte Darstellungen Curschmann S. 117 ff. und Hoppe, Willi: „Wichmann", S. 37 (auch in den Mgdbg. Gesch.-Bl. 43 [1908] S. 169).

Umständen gegen Wald und Geschiebeblöcke zu arbeiten hatten, wurde ihnen eine größere Zahl Hufen[1] zugeteilt als ihren Genossen, die zum großen Teile einfach das Erbe der Slawen antraten. So erklären wir uns die Größe der Bauerngüter auf dem Rücken des Grenzwalles.

Ringsherum ging jener Prozeß der Verschmelzung[2] seinen Gang, der die Slawen hob, die Deutschen drückte und beide zu einer homogenen Masse wandelte; der Flämingbauer saß, ein gleicher unter gleichen, auf seinem Gute und bewahrte seine alte Freiheit. Aber nicht überall: Waren Flämingdörfer mit anderen Gebietsteilen zu einem Amte vereinigt, so setzte alsbald auch hier jene „Kontaktmetamorphose" ein.

Im alten Amt Zahna zwar vermochten die Flämingdörfer dem Einflusse der wenigen minder gut gestellten Dörfer im Westen zu widerstehen. Im alten Amt Rabenstein macht sich bereits eine Verschlechterung bemerkbar, indem die Pflicht zur „Beschickung" eines Stückes Vorwerksackers besteht; interessant ist es, daß in einem uns erhaltenen „Extrakt über die Dienste", der vielleicht aus einem früheren Erbbuch genommen ist[3], von den Dörfern um Hohenwerbig immer gesagt wird: Die Hüfner „dienen als die freyen", „fahren immaßen die anderen freyen Leute"[4], während diese Bemerkung fehlt bei den Dörfern, die nicht zum Fläming gerechnet werden; die Flämingdörfer des Amtes Rabenstein hätten demnach nur Amtsfuhren zu tun gehabt, genau wie die der Ämter Jüterbog und Zahna. Die slawischen Elemente des Amtes Rabenstein haben wir wohl im Planetal zu suchen[5]. Tief herabgedrückt sind die zu Seyda gehörenden verhältnismäßig wenigen Flämingdörfer, die eben wegen ihrer geringen Zahl nicht die gleiche Widerstandskraft besaßen; ein Vergleich mit den Buschdörfern lehrte uns aber schon, daß es zu einem vollständigen Ausgleich doch noch nicht gekommen ist. Was die vier „Nonnendörfer" des Amtes Jüterbog betrifft, so haben wir ihre (leichten) Ackerdienstverpflichtungen aus dem Streben des privaten Grundherrn[6] zu erklären, der seine Untertanen zur Bestellung seiner Ländereien heranzuziehen sucht.

---

[1] Die Hufe ist auch auf dem Fläming die in der Gegend gewöhnliche; die Zahl, nicht das Ausmaß der Hufen ist das Unterscheidende. Worauf Berghaus (III, 599) seine Angabe vom „Gebrauch der vlämischen Hufen als Ackermaß" gründet, ist uns nicht bekannt (vielleicht Zahna? vgl. o. S. 31 f.).

Die Feldmarken sind in Gewannen aufgemessen, wie bei sämtlichen Kolonistendörfern des Saale-Elbegebietes, auch den nachweisbar „flämischen". Vgl. Schulze 155.

[2] Über ihn Schulze 174 ff.

[3] Anlage von späterer Hand im Erbbuch des Amtes Belzig von 1591.

[4] D. h. Lehnmänner. Das Erbbuch Belzig von 1550 spricht von „freien Schulzen und sonsten freien Leuten, deren es eine ziemliche anzahl in diesem Amte hat"; der Ausdruck ist auch sonst gebräuchlich.

[5] Vgl. S. 25. [6] des Jungfrauenklosters zu Jüterbog.

Die Rodungen erstreckten sich, wie uns die Verbreitung der großen Bauerngüter beweist, westlich über die Grenze des „hohen Flämings" hinaus; auch in den versprengten Dörfern mit hoher Durchschnittshufenzahl, die wir im alten Amt Belzig fanden, werden wir derartige Gründungen „von wilder Wurzel" zu sehen haben.

Die Kolonisation des westlichen Waldgebietes, vor allem der Brandtsheide, ist mißlungen; von etwa 30 Gründungen haben nur 4 gedauert (Wiesenburg, Reetz, Jeserig und Schlamau), von den übrigen geben nur die vielen Wüstungen noch Kunde. Der Grund scheint auf der Hand zu liegen: Die fruchtbaren Feinsande des Flämings erreichen etwa am Rabenstein ihr Ende[1]; der Sandboden des westlichen Teiles[1] zwang, nachdem die aufgespeicherten Nährstoffe verbraucht waren, zur Aufgabe der erschöpften Äcker. Nur die Dörfer mit etwas besserem Boden blieben bestehen; die später auf den Wüstungen wiedergegründeten Dörfer[2] sind bis in die neueste Zeit arm geblieben.

Der gleichmäßig gute Boden des „hohen Flämings" machte verfehlte Gründungen selten; in der Tat finden wir dort verhältnismäßig wenige Wüstemarken[3].

Das verlassene Land bedeckte sich mit Wald; es wurde wieder zu dem, was es gewesen war, bevor die deutschen Siedler ihre Tätigkeit begonnen hatten.

Die Dorfschaften der Vogtei Wiesenburg wurden zu Diensten herangezogen, als die Vogtei in Privatbesitz überging.

Wir wollen zum Schluß noch ein Wort über die Herkunft unserer Kolonisten sagen: Die Annahme, daß sie aus Flandern, aus den Niederlanden stammten, tritt mit der Erwähnung des Flämings zugleich schon im 16. Jahrhundert auf. Bald erkannte man in den vermeintlich zum Fläming gehörenden Dörfern und Städten niederländische Orte wieder, die Bewohner zeigten ihre Abstammung durch ihr „offenes mißtrauensfreies Wesen", sowie „durch ihre Mundart und den Accent, den sie in ihre Rede legen"[4]; durch die Flügelhauben

---

[1] Hierzu v. Linstows Übersichtskarte und Berghaus I, 293.

[2] Wir sprechen darüber noch ausführlich (Teil II, 85 ff.).

[3] Schulze 170 warnt davor, die Verödung der Dörfer, die wir im 14. und 15. Jahrhundert ganz allgemein beobachten, zu ausschließlich „durch die Aufgabe von übereilten, unrentablen Rodungen und Kulturen, die ohne genügende Prüfung und Kenntnis der Bodenverhältnisse vorgenommen waren", erklären zu wollen; gewiß könnte gerade in unserem von Fehden so häufig heimgesuchten Grenzgebiet auch wohl für dies oder jenes Dorf an gewaltsame Zerstörung gedacht werden (vgl. auch Schulze 236).

1375 bestanden in dem nördlich an die Vogtei Wiesenburg grenzenden märkischen Gebiet, wo ähnliche Verhältnisse herrschen, noch zahlreiche Dörfer (Landbuch, her. von Fidicin, IV, S. 127 Nr. 41 ff.); im Jahre 1452 gab es dort nur wüste Marken („Grenzregulierung" 1452 April 28 in C.d.B., B IV, 470 ff.).

[4] Letztere Beobachtung will Berghaus (III, 599) gemacht haben.

der Flämingerinnen fühlte man sich gar an Rembrandt erinnert usw. Schöne hat diese Phantasien treffend zurückgewiesen, und jeder unbefangene Einheimische wird seinen Ausführungen beipflichten.

Hübsche Beobachtungen über die Verschiedenheit in der Bauart der Kirchen, in der Kleidung usw. zwischen „Flämick“ und „Busch“ im Süden von Jüterbog stellt Winter [1] zusammen; die Unterschiede erklären sich aber ohne weiteres aus den örtlichen Verhältnissen.

Wenn nach E. O. Schulze [2] die Flamländer „flache Ebenen den Bergen, Sumpfniederungen dem steinichten Urwald vorzogen“, so konnten sie in der Tat kaum ein ungeeigneteres Gebiet finden als unseren Grenzwall mit seiner Wald- und Geschiebebedeckung; aber der Name „Fläming“ zwingt auch keineswegs zu der Annahme, daß die Siedler aus den Niederlanden kamen. Wie das „ius Flamingorum“ „zur technischen Bezeichnung für das Kolonistenrecht der deutschen Einwanderer überhaupt“ [3] wurde, weil die ersten Ansiedler, mit denen man zu tun bekam, wirkliche Flamländer waren, so nannte man auch die deutschen Kolonisten schlechthin „Fläminger“ und die Gegenden, wo sie sich besonders dicht ansiedelten, „Fläminge“.

Wir müssen uns damit begnügen festzustellen: Die „Fläminge“ und speziell unser „hoher Fläming“ gehen auf deutsche Kolonisten, sogenannte „Fläminger“, zurück; aus welchem Teile des alten Volkslandes diese stammten, wissen wir nicht.

Wir haben uns bisher über die vermutliche Entstehung der Unterschiede bezüglich der Größe der Bauerngüter und der Dienstverpflichtungen eine Meinung gebildet; wie steht es nun mit jener dritten Einteilung, die auf dem verschiedenen Vorkommen von ritterlichem Besitz, Lehnmänner- und reinen Hüfnerdörfern beruhte?

Überall machen wir die Erfahrung, daß der Adel und speziell die Ritterschaft verschwindet, wo die Lage der Bauern eine bessere wird; für ihn treten die bäuerlichen Lehnmänner ein, in den Gegenden mit schwereren Frohnden („Busch“)

---

[1] Zitiert S. 29 a. 2.

[2] S. 129.

[3] Schulze 163. Schulze braucht die Bezeichnung „Niederländer“ nur dann, wenn sich die Kolonisten durch den Zusatz ex terra Hollandia o. ä. ausdrücklich als solche ausweisen. In seiner Dissertation geht Sch. auf die Herkunft der Kolonisten des Flämings anhangsweise ein (S. 124); er weist dabei auf das Zusammentreffen von Ortsnamen aus Westfalen und dem alten Lande Jüterbog hin; Herkunft aus West- und mehr noch aus Ostfalen ist von vornherein das Wahrscheinlichste.

Aus der Mundart lassen sich kaum Schlüsse ziehen; sie ist im allgemeinen das in der Gegend gewöhnliche Plattdeutsche, am Südrand das Mitteldeutsche; die Sprachgrenze lag früher wohl südlicher.

die „reinen“, in solchen mit leichteren die „reinen“ gemischt mit „uneigentlichen“ Lehnmännern; die bevorzugten Teile haben entweder nur „uneigentliche“ oder überhaupt keine Lehnmänner (Zahna und Jüterbog).

Die Vermutung liegt nahe, daß die Institution der Lehnmänner ein Äquivalent des Adels sei.

Bevor wir an diese Frage herantreten, müssen wir uns darüber orientieren, wie man sich die Lehnmänner im allgemeinen entstanden denkt.

Die herrschende Ansicht ist wohl noch immer die, welche Riedel[1] ausgesprochen hat, daß nämlich der Lehnmann als der Gehilfe des Lokators und späteren Schulzen bei der Dorfgründung aufzufassen sei.

Eine andere Erklärung wird von den anhaltinischen Schriftstellern[2] bevorzugt; danach wäre das zweite Mannlehengut im Dorfe das frühere Schulzengut einer mit dem Dorfe verbundenen wüsten Mark, wie es denn bisweilen mehrere „Schulzen“ im Dorfe gibt.

E. O. Schulze will in seiner Dissertation[3] die Lehnmännergüter durch Absplitterung vom Schulzengute oder durch nachträgliche Befreiung erklären; bei einem unter ritterlicher Herrschaft stehenden „Lehnmann“ in „›Trebin‹“ (es handelt sich um Groß-Treben im A. Schweinitz) denkt er an das Dienstlehen eines grundherrschaftlichen Meiers oder Vogtes[4].

Diese Erklärungen versagen, wenn neben dem Schulzen nicht nur ein oder zwei Lehnmänner stehen, sondern eine ganze Reihe, wie wir es für unsere Gegend festgestellt haben; höchstens könnte man an nachträgliche Befreiung denken.

Auch Kraaz hat sich dieser Einsicht nicht verschließen können; in Anhalt nämlich gibt es zwar keine „Lehnmänner“, wohl aber sogenannte „Freie“[5], die ein Lehnpferd stellen müssen und dafür von den Diensten befreit sind, zu mehreren im Dorfe; es scheint dies eine Institution zu sein, die unseren „Lehnmännern“ entspricht; man sieht nicht ganz klar, da der Name „Freier, Freisasse“ auch von Erbhüfnern, ja sogar von Kossäten gebraucht wird, die aus irgend einem Grunde vom Dienste befreit sind[6]; er erhält dadurch etwas Schillerndes.

---

[1] „Die Mark Brandenburg im Jahre 1250“, II, 217 ff.

[2] Zuerst ausgesprochen wohl von Wäschke: „Zur Wirtschaftsgesch. d. anhalt. Landes“, in den Mitt. d. Ver. f. anh. Gesch. u. Alt.-Kunde VI u. VII.

[3] S. 138.

[4] Kolonisation S. 213 a. 1. Wahrscheinlich ist nach dem Sprachbrauch des Schweinitzer Amtsbuches dieser „Lehnmann“ der Schulze des Dorfes (vgl. S. 11).

[5] Wir fanden diese Benennung auch für unsere „Lehnmänner“, s. o. S. 34.

[6] Vgl. auch die Wiesenburger „Freien“ im 2. Teile dieser Arbeit pass.

Kraaz[1] bemerkt nur, daß nicht alle Freigüter auf Schulzenlehen zurückzugehen schienen; besonders in der Zone des sorbischen Anbaues, der ja die Lehnschulzengüter fehlen, fänden sich neben den Sattelhöfen einige Freigüter, gewöhnlich zu mehreren im Dorfe: „Ihre Zahl ist auch nicht groß, es genügt, sie zu erwähnen".

Ausführlicher berichtet Lampe[2] über diese Institution. Auch seine „bäuerlichen Ministerialen" heißen in den Quellen die „Freien"; sie besitzen ihr Gut zu Lehenrecht, leisten Reiterdienste, auch wohl mäßige Korn- und Ackerfuhren und heben sich von den „Ackerleuten, Kossäten und Häuslern" deutlich ab.

Wenn sich Lampes Studien auch nur auf das alte Volksland erstrecken, so ist doch die Ähnlichkeit seiner „Freien" mit unseren „Lehnmännern" nicht zu verkennen, und wir werden nicht fehlgehen, wenn wir uns seiner Ansicht anschließen, derzufolge ritterliche und bäuerliche Ministerialen einer Wurzel entsprossen sind.

Die „Lehnmänner" unserer Gegend haben im allgemeinen weniger Hufen als die „Edelleute"; die der bevorzugten Dörfer können sich ohne weiteres mit dem Adel messen. Denn die gewöhnliche Größe eines adligen „Sitzes" ist ja nur 3—4 Hufen[3]; da der Zug, wie wir sahen, auf Zusammenschweißen der kleineren adligen Güter (unter gleichzeitigem Übergang vom „freien" zum „Rittersitz") geht, so können die großen Vorwerke von 6—10 Hufen sehr wohl auf diese Weise entstanden sein; andererseits könnte man, vorausgesetzt daß adlige und bäuerliche Lehngüter ursprünglich eine Masse gebildet hätten, ein ähnliches Zusammenwachsen kleinerer Güter beim Übergang vom „Lehnmann" zum „ehrbaren Mann" annehmen.

Die Zahl der in einem Dorfe wohnenden Lehnmänner bedeutet keinen prinzipiellen Unterschied gegen den Adel, denn unsere Erbbücher bieten Beispiele für drei und vier im selben Orte liegende „Sitze", ja in Brandenburg gab es noch im 18. Jahrhundert Dörfer, in denen „die Ritter zu fünfen und sieben saßen"[4].

Der ursprüngliche Zustand wäre dann also der gewesen, den Lampe schildert: „Die bäuerlichen Dienstleute bildeten den Grundstock, der den ritterlichen Ministerialenstand immer wieder durch neue Kräfte ergänzte."

Später aber trat eine strenge Scheidung ein: Ein Teil des Ministerialenstandes stieg in eine höhere Klasse empor und schloß sich ab: dies sind die ehrbaren Mannen und die Ritter. Einem anderen Teile gelang das nicht; ihn glauben wir in den „Lehnmännern" wiedererkennen zu können.

---

1 S. 103.
2 S. 51.
3 Sogar 2 Hufen kamen vor, vgl. S. 13.
4 Skalweit 28.

Inmitten günstig gestellter deutscher Bauern blieb der „miles agrarius“, was er gewesen war, ja er trat im Laufe der Zeit ohne großes Widerstreben in den Stand der gewöhnlichen Hüfner ein, von denen er sich ja wenig abhob; Angliederung von Erbhufen an sein Dienstgut, vielleicht bei Gelegenheit neuer Rodungen, mochten den Verschmelzungsprozeß beschleunigen. Wir sehen diesen Vorgang vollendet im Amte Jüterbog, wo es keine Lehnmänner mehr gibt [1]; die „uneigentlichen Lehnmänner“ des Amtes Zahna, die sich von den gewöhnlichen Hüfnern kaum unterscheiden lassen, streben diesem Ziele zu.

Ganz anders mußte sich die Stellung des Kriegers in Gebieten mit stark gemischter Bevölkerung gestalten; hier konnte von einer Verschmelzung mit den gewöhnlichen Bauern nicht die Rede sein, im Gegenteil, die Entwicklung ging den umgekehrten Gang, indem der Kriegsmann zum Sattelhofbesitzer adligen Standes und von da zum „Ritter“ und Herrn des Dorfes emporstieg. Einzelne „Rittersitze“ mit slawischen Untertanen mochten von vornherein vorhanden sein und das Vorbild abgeben. Auf diese Weise erklären sich die Zustände südlich der Elster und der Elbe.

Zwischen dem „Fläming“ und den „Audörfern“ stehen die „Buschdörfer“; das Institut der (reinen) Lehnmänner blüht hier noch in ungebrochener Kraft und wehrt sich gegen die Herabdrückung in den gewöhnlichen Hüfnerstand [2]; das hat seinen guten Grund, denn der Lehnmann ist hier mit Diensten weit weniger belastet als der gewöhnliche Hüfner.

Diese Dienstverpflichtung schien für slawische Beimischung zu sprechen, und eine solche müssen wir in der Tat annehmen, wenn wir die „Buschdörfer“, so wie es das Schweinitzer Erbbuch tut, als die Gesamtheit der Dörfer hart links und nördlich der Elster fassen; nun zeigt aber die „Karte des deutschen Reiches“ (Generalstabskarte 1 : 100 000) die Benennung „Buschdörfer“ nur für das mittlere Stück dieses Teiles; weiter im Westen ist der „Busch“ durch ein großes Heidegebiet [3] (Gorrenberg, Himmelsberg, Arnsdorfer Berge) begrenzt, und auch weiterhin tritt nur „Talsand“ auf; der Name „Busch“ wäre für dieses Stück sinnlos. Ähnliche Einschränkungen müssen wir im Norden machen, wo Wendisch-Linda, Stolzenhain, Wendisch-Ahlsdorf usw. auf Talsandflächen liegen. Wie weit sich die eigentlichen Buschdörfer nach Osten erstrecken, ist

---

[1] In manchen Dörfern genießen bestimmte Hüfner Bevorzugungen, z. B. leichtere Ladung bei Amtsfuhren; vielleicht sind dies ehemalige Lehnmänner

[2] Vgl. S. 17 f.

[3] Heide bedeutet den (trocknen) „Fichten“- d. h. Kiefernwald, Busch den feuchten, aus Elsen usw. bestehenden Wald des Wiesengebietes.

dem Verfasser nicht bekannt, da er hier nicht ortskundig ist; aus der Karte geht es nicht mit genügender Deutlichkeit hervor.

Diese eigentlichen Buschdörfer nun scheinen einen Kern rein deutscher Bevölkerung innerhalb eines Mischgebietes gebildet zu haben; es ist sicher kein Zufall, daß den gleichnamigen Flämingdörfern außerhalb des Busches das Wendisch-Linda und Wendisch-Ahlsdorf, dicht dabei im Busch aber das „Pusch-Kuhnsdorf" entgegengesetzt wird; die „eigentlichen Buschdörfer" decken sich auch ziemlich genau mit dem geschlossenen Gebiete reiner Bauerndörfer, von dem wir oben gesprochen haben [1]. Daß im „Busch" und in seiner Umgebung eine eifrige Kolonisation eingesetzt hat, beweisen die im Vergleich zur „Aue" so zahlreichen deutschen Dorfnamen [2].

Das slawische Element war wohl stark genug, um im Verein mit den zu demselben Amte gehörenden Audörfern eine schwere Dienstbelastung auch für die deutschen Bauern herbeizuführen, zu schwach aber, als daß es in dem ganzen Gebiete dem Kriegerstande ein Emporsteigen hätte ermöglichen können; dies geschah fast nur im Osten, wo wir zahlreiche ritterschaftliche Dörfer feststellen konnten.

In den reinen Bauerndörfern des nördlich der Elster gelegenen Teiles des Amtes Schweinitz hat sich deshalb die Klasse der Lehnmänner am ursprünglichsten gehalten, so wie wir uns die alten „milites agrarii" etwa vorzustellen haben, als eine Klasse, die anderes Besitzrecht und andere Pflichten hat, die sich im übrigen aber nur wenig über die gewöhnlichen Bauern erhebt.

Die alten Ämter Wittenberg und Belzig, die auch in bezug auf ihre Dienste eine Mittelstellung einnehmen, treten mit ihrem Überwiegen der reinen Lehnmänner näher zum „Busch" als zum „Fläming".

Auf diesem haben sich die reinen Lehnmänner da gehalten, wo mit ihrer Lehnmannsqualität Dienstbefreiungen verknüpft waren, nämlich in den nördlichen Dörfern des Amtes Seyda, dessen südlicher Teil dieselben Zustände aufweist wie der benachbarte Schweinitzer „Busch".

Das Gleiche gilt von der Vogtei Wiesenburg und auch von dem alten Amt Rabenstein, in dem jedoch die Einwirkung der Flämingdörfer nicht zu verkennen ist (nur ein Lehnmann!).

Unsere Ansicht scheint übrigens in den brandenburgischen Verhältnissen eine Stütze zu finden; A. Skalweit [3] sagt, nachdem er über Riedels Hypothese berichtet hat, Folgendes: „. . . doch ist das Vorkommen eines zweiten Lehnschulzengutes in den neueren Teilen Brandenburgs so selten, in den

---

[1] S. 21.
[2] Vgl. hierzu die Übersichtskarte.
[3] S. 23.

älteren aber so häufig, daß es nötig wäre, hier weiter nachzuforschen." Da die östlichen Teile Brandenburgs eine stärkere slawische Beimischung aufweisen, so könnte dort die Differenzierung des Krieger- und des Bauernstandes in größerem Maße stattgefunden und die Mittelklasse der Lehnmänner so gut wie ganz beseitigt haben.

Natürlich konnten auch nachträgliche Befreiungen von Erbhufen stattfinden und auf diese Weise neue Lehnmänner entstehen; so möchten wir uns die Lehnmänner erklären, die wie in Straach (A. Amt Wittenberg) von einer Hufe nur $^1/_4$ frei besitzen. Auch die Entstehung durch Zusammenlegung mehrerer Ortschaften, deren Schulzengüter im neuen Dorfe erhalten blieben, möchten wir keineswegs auf jeden Fall abweisen[1].

II. Die Herrschaft Wiesenburg.

Quellen.

Der erste Teil unserer Arbeit hat einen Begriff von den ländlichen Verhältnissen in den nördlichen Ämtern des Kurkreises um die Mitte des 16. Jahrhunderts geben wollen und den Versuch gewagt, diese Verhältnisse genetisch zu erklären; dabei wurde bereits des öfteren auf die Sonderstellung hingewiesen, die die ehemalige Vogtei Wiesenburg einnimmt; mit ihrer eigenartigen Entwicklung beschäftigt sich der zweite Teil unserer Abhandlung.

Für die Vogtei und die Herrschaft Wiesenburg bietet das Wiesenburger Schloßarchiv seit 1420 Urkunden- und Aktenmaterial.

Bis 1575 kommen hauptsächlich die Lehnbriefe in Betracht, die im Original oder in vidimierten Abschriften vorhanden sind (besonders Schrank 1 Loc. L. 5). Aus den Jahren 1575 und 1592 stammen die ausgezeichneten „Hausbücher" oder „Erbregister", die wir bereits im ersten Teile benutzten; sie bilden unsere Hauptquelle für die Zeit vor dem Dreißigjährigen Kriege (W 1 a. W 2).

Seit 1627 können wir an der Hand der häufigen Teilungsrezesse die Entwicklung bis tief ins 18. Jahrhundert hinein ver-

[1] Das Urkundenmaterial ist so gering, daß sich bindende Schlüsse aus ihm nicht ziehen lassen. Ministerialen in Dörfern, die später keinen adligen Sitz mehr haben, würden für unsere Ansicht sprechen. Nach den Dahnsdorfer Urkunden hatten z. B. die reinen Bauerndörfer Kranepuhl und Preußnitz bei Belzig „milites": Ein Helmwicus de Cranepule kommt 1236, ein Henning und ein Reineke von Bruzniz 1286, ein Henningus de Bruzniz 1311 vor (Mühlmann 407, 415, 418); ob der Johannes de Swanebeck, der mit dem Grafen Bederich von Belzig zusammen 1219 in Magdeburg als Zeuge auftritt (R.A.M. II, 225), aus unserem Schwanebeck stammt, muß dahingestellt bleiben.

folgen (bes. W 5. T 1). Zu Ende des 17. Jahrhunderts gibt uns der in Abschrift vorhandene „Belziger Amtsaußzug“ von 1696 ein Bild von dem Zustande der Herrschaft (W 16). Für das 18. Jahrhundert liegt eine Fülle von Akten vor, von denen wir nur die „Praestanda sämtlicher Unterthanen“ von 1755 (C 2) und die Protokolle der Steueruntersuchung von 1766 ff. mit Flurbuch (F 4) erwähnen. Den Abschluß bilden die Separations- und Ablösungsrezesse des 19. Jahrhunderts (Schr. 2 Fach 15).

Das Material ist besonders für die späteren Jahrhunderte so reich, daß es vorläufig noch nicht vollständig ausgenutzt werden konnte; es mußten die wichtigsten Stücke ausgelesen werden.

Seit der Teilung von 1627 nehmen die jeweils zu Wiesenburg-Wiesenburg gehörenden Teile der Herrschaft den breitesten Raum ein, da der Darstellung in Klein-Glien, Mahlsdorf und Schmerwitz weiter zurückreichende Archive nicht zur Verfügung standen (das wertvolle Kl.-Gliener Archiv wurde nach dem Treffen von Hagelberg am 27. August 1813 vernichtet).

Die Ordnung und Konservierung des Wiesenburger Archivs verdanken wir dem vielseitig gebildeten und interessierten Oberhofrichter Adam Friedrich von Watzdorff († 1781), der bereits Bearbeitungen des Materials teils veranlaßte, teils selbst unternahm.

Auf diesen Vorarbeiten und auf eigenen gründlichen Studien beruht „Die Herrschaft Wiesenburg unter den Herren Brandt von Lindau“ von Pastor F(ähndrich)-Wiesenburg [1]; leider ist dieses Buch außerordentlich unübersichtlich, da der Verfasser in den genealogischen Rahmen kirchliche, wirtschaftliche und andere Notizen hineinpreßt; so erstickt die fleißige Arbeit in der Fülle des Materials. Am brauchbarsten ist der Anhang, der Bemerkungen über die einzelnen Dörfer bringt; einen raschen Überblick ermöglicht der beigegebene Stammbaum. Eine ganze Reihe von Notizen, die wir in dem umfangreichen Archiv bisher nicht aufgefunden haben, sind nach der Chronik zitiert, deren Angaben im allgemeinen als zuverlässig befunden wurden; von ganz besonderem Nutzen waren uns die Berichte über die jüngste Geschichte der Brandtsheide, die Fähndrich als Zeitgenosse schildert.

1. Bis zum Dreißigjährigen Kriege.

a) Vorgeschichte der Vogtei Wiesenburg.

Im Grenzwalde zwischen den Gauen Moraciani und Ploni finden wir im 12. Jahrhundert zwei Burgwartvororte, Wisenburg und Redizke (Reetz) [2].

---

[1] Vgl. die Literaturangabe am Anfang.

[2] Curschmann 157. Zuerst 1161: C.d.B., A VIII, 104 ff. (Nr. XV), X, 76 ff. (Nr. X).

Um 1200 ist das castrum wisenburch im Besitz Magdeburgischer Ministerialen aus dem Geschlechte derer von Plaue, die in den Grenzfehden gegen Brandenburg eine Rolle spielen [1].

1288 besitzt Graf Otto von Brene neben Belzig, Zahna usw. auch Wiesenburg [2].

1336 ist das castrum apertum im Besitze des Edlen Heinrich von Barby, noch immer als Lehen des Erzstifts Magdeburg [3].

Im Jahre 1356 verkaufen die Grafen Albrecht und Günther von Mühlingen Wiesenburg an den Kurfürsten Rudolf von Sachsen, dem der Erzbischof von Magdeburg die Oberlehnshoheit gegen das Anrecht auf Neugattersleben abtrat [4].

So kam Wiesenburg an die sächsischen Kurfürsten, aber es blieb nicht lange in ihrem unmittelbaren Besitz.

Schon 1378 wird „Haus und Vogtei" an den Bischof von Brandenburg verpfändet [5].

Anfang des 15. Jahrhunderts ist Wiesenburg dann wieder eingelöst: 1421 wird der void zcu wesinborg erwähnt [6].

In den folgenden Jahrzehnten wurde die Vogtei von Belzig aus verwaltet [7].

Um die Mitte des 15. Jahrhunderts ist sie dann von neuem veräußert worden, um nicht wieder in die Hand des Kurfürsten zurückzukehren.

Der „Edel er Protze von Quernfurd" und die „gevattern von Kracht" werden in der Urkunde von 1456 [8] als Inhaber genannt.

Von den letzteren kaufte sie Friedrich Brandt; er und sein Bruder Jhan empfingen am 5. Juli 1456 die Belehnung zu gesamter Hand „uber diße nachgeschriben guter mit namen das Slos Wesemburg mit dem Stettlein doselbst vnd mit den Dorffern Geserig, Rogetz, Slamow" und allem Zubehör; nur die hohe Wildjagd behielt sich der Kurfürst vor [9]. Zugleich bestätigte er den Bränden „ir veterlich erbe, was sie des an dorffsteten, holczern, heiden adir woran das were, von vns zu lehen haben".

---

[1] Riedel, „Mark Brandenburg" I, 361 („Schloß u. Städtchen Plaue"). Chronik des Pulkawa ad 1205 oder 1206 (in C.d B., D S. 8). Chron. princ. Sax. (Mon. Germ. XXV, S. 478 Z. 1—4). R.A.M. II, 70 ad 1201—1210. C.d.B., A VIII, 128 (Nr. XLI u. XLII). R.A.M. II, 410.

[2] Chron. 323. Fähndrich beruft sich auf Urkunden im Hofgericht zu Wittenberg, die wahrscheinlich durch den Oberhofrichter von Watzdorf eingesehen worden sind (S. 324 Anm.).

[3] C.d.B., B II, 104 (Nr. 721).

[4] Chron. 323 (vgl. Anm. 2).

[5] C.d.B., A VIII, 320 (Nr. 322).

[6] C.d.B., B III, 410.

[7] Nach den Bescheiden der Vögte Kgl. Haupt-Staats-Archiv Dresden Loc. 4334 Nr. 11 ff.

[8] Or. im Wies. Archiv (L 5).

[9] Er hatte in Jeserig einen Jagdhof. Registrum canonum Dresden Loc. 4334 Nr. 12 a.

b) Entstehung der „Herrschaft Wiesenburg“.

Die Vogtei Wiesenburg war demnach nicht das erste Besitztum, das die Familie Brandt von Lindau[1] in unserer Gegend erwarb.

Schon 1420, am 29. November, hatte Albrecht III. von Sachsen die Gebrüder Hans und Tile Brandt mit Einkünften aus dem Amt Belzig belehnt[2]; wir möchten annehmen, daß bereits damals das eine Burgmannengut im Sandberg bei Belzig, von dessen Erwerbung wir nichts hören, im Besitz der Familie gewesen sei, denn die Pächte bedurften eines Verwaltungsmittelpunktes, genau wie später die Zahnischen Amtspächte „auf das freie Haus des Junkers“ zu Zahna „geschüttet“ wurden.

Wo die „dorffsteten, holczer und heiden“ des Lehnbriefes von 1456 lagen, wissen wir nicht; vermutlich ist es das Waldgebiet im äußersten Norden des Kurfürstentums Sachsen mit den Dorfstätten Groß-Briesen (jetzt Dorf), Schmerz und Garz, von dessen Übertragung wir nichts hören; auch die Dorfstätte Arensnest bei Reetz ist wohl hierher zu rechnen.

An diese Besitzungen hätte sich dann die nächste Erwerbung angeschlossen; sie erfolgte in der benachbarten Mark Brandenburg. Am 30. Dezember des Jahres 1453[3] verleiht Markgraf Friedrich II. dem uns bereits bekannten Friedrich Brandt, einem Sohne des eben erwähnten Tile Brandt, außer dem Dorfe Wendisch-Bork[4] die Dorfstätten „Dalem vnd werbeck, Strytland vnd Wendemark mit der heiden obir dem vorlorn Wasser“, in der er sich nur die hohe Jagd vorbehält[5].

Dieses ganze Gebiet also war bereits Eigentum Friedrichs, als er im Jahre 1456 die südlich angrenzende Vogtei Wiesenburg kaufte, die nun der Kern seines Besitzes wurde; an sie kristallisierten sich die anderen Erwerbungen an.

Sehr bald schon wurde das östlich benachbarte amtsässige Gut und Dorf Hagelberg (Amt Belzig) gekauft; es wird Friedrichs Bruder Jhan am 23. Januar 1463 verliehen, Friedrich erhält die Mitbelehnung[6]; dazu kam noch vor 1500 das Gut

---

[1] Der Zusatz „von Lindau“ wird erst im 16. Jahrhundert üblich; seine Entstehung ist ungewiß, man könnte an den nahen anhaltischen Burgwartvorort Lindau denken.

[2] Abschrift L 5.

[3] Abschrift L 18.

[4] Zwischen Brück und Treuenbrietzen in der Zauche.

[5] Dahlen, nördl. Görzke, um 1515 an Friedrich von Schierstedt zu Görzke verkauft, jetzt Dorf.

Wendemark noch heute Wm. nördl. Weitzgrund, Strytland vielleicht das spätere Weitzgrund; beide um 1515 an Friedrich von Oppen auf Fredersdorf veräußert (C.d.B., C II, 475: „Lehnsregister“ von 1515). „werbegk“ das heutige Neu- oder Brandtswerbig. Das verlorene Wasser Nebenfluß der Buckau.

[6] Or. L 5.

und Dorf Grützdorf dicht bei Hagelberg [1]. Dem Jhan Brandt gehörte auch der schon erwähnte Burgmannssitz vor Belzig [2]; seit 1508 [3] war außerdem ein Drittel des Dorfes Leetza (A. Schweinitz) und die wüste Mark Ortensdorf [4] (beides bei Zahna) im Besitz der „Hagelberger Linie". Diese verarmte im Laufe der Zeit ganz und gar und starb 1637 bzw. 1719 aus; ihre Güter fielen an die Wiesenburger Brände.

Nachdem Friedrich Brandts Urenkel Benno Friedrich das Gut und Dorf Klein-Glien an der Ostgrenze der Vogtei Wiesenburg im Jahre 1595 gekauft hatte, war der geschlossene Komplex der „Herrschaft Wiesenburg" geschaffen, so wie er bis in die neueste Zeit bestanden hat.

Um diesen Rumpf herum lagen zahlreiche einzelne Besitzungen zerstreut; der freie Sitz im Sandberg, das Dorf Wendisch-Bork, das eine Drittel von Leetza und die Wüstemark Ottmannsdorf wurden bereits erwähnt.

Das Dorf Boßdorf, eine brandenburgische Enklave auf dem Grenzwall (zwischen Wittenberg und Niemegk), wurde 1515 [5], ein zweites Burgmannengut im Sandberg 1576 [6] von der „Wiesenburger Linie" erworben.

Im 17. Jahrhundert greift die Herrschaft auch auf Magdeburgisches Gebiet hinüber: Lüttgen-Ziatz (1617) und Hohen-Ziatz (1621) im Kreise Jerichow sind aber nicht dauernd bei der Herrschaft geblieben [7].

Weniger wichtige Erwerbungen übergehen wir.

c) Zustand im 15. Jahrhundert.

Die Wiesenburger Linie hatte also eine außerordentliche Expansionsfähigkeit bewiesen; die Mittel hatte sie sich geschaffen durch eine innere Kolonisation größten Stiles.

Zwar war es ein weites Gebiet, das Friedrich Brandt in seiner Hand vereinigte, aber es befand sich, wie wir wissen [8], in einem traurigen Zustande: Die zahlreichen Dörfer, die einst hier gestanden hatten, waren untergegangen; die Äcker hatte der wieder vordringende Wald überwuchert, soweit sie

---

[1] Zuerst im Lehnbrief von 1500 erwähnt.

[2] C.d.B., A X, 331 (Nr. 35), Urk. vom 28. Nov. 1474: „Ik Jhan brandt geseten to beltz under den sandtberch."

[3] Chron. 90.

[4] Heute Gut Ottmannsdorf; identisch mit der Wm. „Arnstorff", die an die Rahnsdorfer Bauern ausgetan wird. Oppermann 48 a. 4.

[5] Chron. 9 nach einem verlorenen Kaufbriefe des Kl. Gliener Archivs.

[6] Chron. 25. Dieses Gut ist der noch heute zu Wiesenburg gehörende sog. „Meierhof"; das andere Sandberger Gut ging im Konkurs der Hagelberger Linie verloren.

[7] Chron. 34.

[8] Vgl. S. 75 f.

nicht von den übrig gebliebenen Dörfern als wüste Marken oder Dorfstätten genutzt wurden.

Bewohnt waren in dem meilenweiten Gebiete nur das „Städtlein“ Wiesenburg und die drei Dörfer Reetz, Jeserig und Schlamau; außerhalb des Umkreises einer Stunde um Wiesenburg gab es nur Wüstungen und „Heide“.

25 Wüstungen nennen uns die sächsischen Lehnbriefe von 1487 ff. als „zum Schloß Wiesenburg gehörig“, also in der ehemaligen Vogtei Wiesenburg, der sogenannten Brandtsheide [1]; 4 Wüstungen lagen nördlich der Vogtei auf sächsischem, ebensoviel auf märkischem Gebiete [2].

Friedrich wird für dieses heruntergekommene Land keinen hohen Preis gezahlt haben, denn die Einkünfte, die er aus den vier Dörfern seiner Herrschaft zog, werden nicht groß gewesen sein; die ausgetanen Wüstungen brachten ihm 1474 nach seiner eigenen Angabe kaum zwei ß [3]. Zwar war die Nutzung der riesigen Wälder sein ausschließliches Recht, aber natürlich standen die Einnahmen aus Holz, Honig, Teer, Pech und Jagd in keinem Verhältnis zu den Erträgen, die Kulturland hätte bringen müssen.

d) Geschichte während des 16. Jahrhunderts.

Es war die Frage, ob es gelingen würde, das verödete Land wieder „in Aufnahme zu bringen“.

Die Vorbedingungen dazu lagen jetzt günstiger als früher; die ewigen Grenzfehden zwischen Sachsen, Brandenburg und Magdeburg hörten seit der Mitte des 15. Jahrhunderts auf; eine lange Zeit fast ungestörten Friedens folgte [4].

Darauf, daß schon Friedrich Brandt sich um die Hebung des neuerworbenen Besitzes bemühte, könnte der Umstand hinweisen, daß in Wiesenburg, Jeserig und Schlamau Kirchenglocken aus der Zeit um 1460 vorhanden sind [5].

Erst über Friedrichs Sohn (Christoph) Friedrich (II.) „den Älteren“ († 1548) haben wir eine bestimmte Nachricht. Unter ihm geben die Visitationsprotokolle [6] von 1530/34 zum ersten Male ein etwas anschaulicheres Bild von den Dörfern der Brandtsheide.

Der Hauptort Wiesenburg hatte unter 22 „Einwohnern“

---

[1] Die Brandtsheide deckt sich ungefähr mit der Vogtei Wiesenburg; den Gesamtkomplex nennen wir „Herrschaft Wiesenburg“.

[2] Sie sind im vorigen Abschnitt genannt.

[3] Schulze 170 a. 1.

[4] 1547 plünderten die Spanier Wiesenburg; ausführlicher Bericht in der Vorrede zum Hausbuch von 1575 (vgl. Chron. 10 f.).

[5] Chron. 350 und sonst.

[6] (Müller) 151 ff.

fünf Hüfner; das Dorf Jeserig hatte 8 Hüfner und 4 Kossäten [1]; das Dorf Schlamau 6 Hüfner und 8 Kossäten; der ehemalige Burgwardsvorort Reetz, der zweite Pfarrsitz neben Wiesenburg, 15 Hüfner und 4 Kossäten; zu diesem Dorfe, erfahren wir zufällig, gehörten 7 Wüstungen, nämlich Mahlsdorf, Miltendorf, „anstorff" [2], Kuhno, Bomsdorf, Falkenberg und Reppinichen; wir werden uns mit einigen dieser Wüstungen später noch zu beschäftigen haben.

In die Parochie Reetz nun ist auch ein „Naw besatzt" Dorf Medewitz (auf der Wüstung Medewitz der Lehnbriefe) eingepfarrt; es hat 5 Hüfner und 3 Kossäten.

Sodann [3] folgt die interessante Bestimmung wegen der wüsten Marken, die die künftige Entwicklung schon vorzeichnet: „Wen so uil Dorffer erbawet, das sie einen eigen seelsorger haben konnen, Alßdann sollen diese naw erbawte Dorffer sampt den wusten marken nicht mher gen Rotzsch zehenden geben, sundern domit an jre seelsorger geweyst werden, welchs Friederich Brandt als leehenherr dergestalt gutwillig nachgelassen . . ."

Die Gründung von Medewitz sollte also nur den Anfang zu einer umfassenden Kolonisationstätigkeit bilden; neue Dörfer sind jedoch, wie es scheint [4], unter Christoph Friedrich nicht mehr gegründet worden, wohl aber gehen die Vorwerke Mahlsdorf und Steindorf auf ihn zurück.

Der eigentliche Kolonisator der Herrschaft Wiesenburg ist Friedrich (III.) „der Jüngere" († 1578). Den Umstand, daß er sich mit der Würde eines Hauptmanns im benachbarten Amte Belzig begnügte [5], dürfen wir wohl darauf deuten, daß seine Schaffenskraft dem ererbten Besitze ganz gehörte; was er hier im Laufe eines Menschenalters geleistet hat, muß uns mit Bewunderung erfüllen.

Glücklicherweise beginnen gerade unter ihm unsere Quellen reichlicher zu fließen; er ließ nämlich durch den anhaltischen Rentmeister Urbanus Otto, der schon seinem Vater gedient hatte, 1575 ein „Erbbuch Friederich Brandes von Lindau vber dem Hause Wiesenburgk vnd Aller seiner zubehoerung" anfertigen, das uns über den Zustand der Herrschaft auf das genaueste unterrichtet und zusammen mit dem 1592—1596 [6]

---

[1] Redaktion B verwechselt die Jeseriger und Schlamauer Zahlen; nach den Angaben der Hausbücher ist A im Recht.

[2] Nicht „Bonstorft" wie Müller mit B liest; „anstorff" ist wahrscheinlich „Arensnest".

[3] (Müller) 156.

[4] Vgl. S. 66.

[5] die später in der Familie fast erblich wurde; sein Vater hatte am Hofe Johann Friedrichs von Sachsen eine bedeutende Stellung eingenommen.

[6] Das Jahr 1592 steht fest; in den Akten heißt das Hausbuch einmal das „von 1592 oder 1596" (U 7). Tatsächlich führen einige Zeit-

aufgenommenen „Erb- und Hausbuch“ die Grundlage unserer ferneren Betrachtungen bilden muß: Wir übersehen, von hier zurückschauend, die Entwicklung, welche die Verhältnisse des 15. Jahrhunderts zu denen gewandelt hatte, die uns in den Erbbüchern entgegentreten; dann werden wir unsere Blicke vorwärts lenken, um, gestützt auf die zahlreichen Nachträge im Hausbuch von 1592, zu erkennen, wohin die erschlossene Entwicklung führte, bis der Dreißigjährige Krieg allen Kulturbestrebungen ein jähes Ende bereitete.

e) Der erste Wiederanbau.

Das Bild, welches die Herrschaft Wiesenburg jetzt bietet, ist ein ganz anderes als das, welches die Lehnbriefe vor uns entrollten [1].

Statt der vier Dörfer des Jahres 1456, der fünf des Jahres 1530 finden wir jetzt deren acht; auf vielen Wüstungen erheben sich Schäfereien und Vorwerke. Überall ist der Kampf gegen den Wald in vollem Gange, die Herrschaft erweitert ihre Äcker, die Untertanen in den alten und neuen Dörfern roden. Die alten und die neuen Siedlungen erweitern sich durch Ausbau.

aa) Die Vorwerke.

Wir beginnen mit den herrschaftlichen Vorwerken.

Beim „castrum“ Wiesenburg, so haben wir anzunehmen, befanden sich wie bei den anderen Schlössern Burgmannensitze, deren Hufen mit denen der Bauern im Gemenge lagen; als dann Wiesenburg in Privatbesitz überging, sind die „freien Sitze“ wahrscheinlich zu einem Vorwerk verschmolzen worden. Das eine jedenfalls ist sicher, daß der Acker des herrschaftlichen Vorwerks Wiesenburg „verhuft“ war [2]. Allmählich jedoch sog das Ritterland die Bauernhufen auf. Sehen wir 1530/34 noch fünf Hüfner in Wiesenburg wohnen, so sind es 1575/92 nur noch ihrer zwei; Nachträge im Hausbuche melden, daß auch diese in der Folgezeit ausgekauft wurden (das „Bürgermeistergut“ mit 3 Hufen und [1621] das Kruggut mit ebenfalls 3 Hufen) [3].

---

angaben im Hausbuche selbst auf 1596; die sehr gewissenhafte Aufnahme wird mehrere Jahre in Anspruch genommen haben.

[1] und entrollen: Ihr Wortlaut bleibt derselbe bis ins 17. und 18. Jahrhundert hinein.

[2] Nach dem Flurbuch von 1769 liegen die Pfarrhufen und das Lenzsche Hüfnergut (das damals ebenfalls schon der Herrschaft gehörte) auf bestimmten Feldern mit dem Ritterlande im Gemenge.

[3] Den Hüfnerdienst des „Bürgermeistergutes“ übernahm der „Freie“ Andreas Lerche, dem dafür einige Stücke desselben zugewiesen wurden. Daher rührt wahrscheinlich das (später ebenfalls ausgekaufte) Lenzsche Hüfnergut; vgl. Anm. 2.

Daneben wurde das Gutsland auch durch Rodungen erweitert; die so gewonnenen Neuländer waren natürlich nicht „verhuft“ und sind im Flurbuch von 1769 leicht kenntlich.

Wiesenburg ist das einzige Vorwerk, das auf Kosten des Bauernlandes gewachsen ist; sonst haben in der Brandtsheide[1] bis zur Zeit der Ablösung Auskäufe bäuerlicher Stellen nicht stattgefunden.

Die übrigen Vorwerke sind alle auf Wüstungen entstanden und durch Rodungen erweitert.

Ursprünglich waren die wüsten Dorfmarken und -stätten, soweit sie der Wald nicht ganz und gar wieder bedeckt hatte, an benachbarte Gemeinden oder einzelne Wirte derselben ausgetan; der Ertrag war gering[2], und so ging man allmählich zur Selbstbewirtschaftung über.

Noch 1530/34 wurde Mahlsdorf, die wahrscheinlich älteste Gründung, von Reetz aus als wüste Mark genutzt.

Auf den Wüstungen, die man unter den eigenen Pflug nahm, wurden zuerst „bloße Schäfereien angerichtet“, indem man das Ackerland zugleich erweiterte; dieses wurde zunächst von dem „Vorwerk“ Wiesenburg aus bestellt[3]. Diese Zweiggüter wurden in der Folgezeit selbständig, indem dort ein Wirtschaftshof gebaut und Vieh gehalten wurde; auf solch einem selbständigen „Vorwerk“ wurde ein „Brachmeier“ angestellt; die Dienste eines benachbarten Dorfes wurden der neuen Gründung zugewiesen[4].

---

[1] Auskauf in Boßdorf s. S. 51 f.

[2] Vgl. S. 46.

[3] Die „Schäferei“ entspricht nach damaligem Sprachbrauch etwa unserem heutigen Vorwerk d. h. Filialgut; das selbständige (Zentral-) Gut wird in den Hausbüchern nach dem Sprachbrauch der Zeit „forwerg“, „forbergk“ genannt.

[4] Hätten solche Dienste nicht zur Verfügung gestanden, so hätte man Kossäten ansetzen müssen; auf den Wüstungen, die der Vogtei Wiesenburg benachbart waren und ihr Schicksal geteilt hatten, ist das tatsächlich geschehen, da sie in den Besitz einzelner Adliger kamen, die über keine Frohnen verfügten; so erklären sich die Kossätenvorwerke Klepzig, Mützdorf (hierüber jedoch vgl. S. 13), Klein-Glien, Hagelberg, Grützdorf, Lübnitz, Eichholz, Benken, Klein-Briesen; ob Weitzgrund und Dahlen mit Kossäten besetzt waren, ist uns nicht bekannt, es war auch wohl nicht nötig, da den Besitzern dieser wüsten Marken (v. Oppen-Fredersdorf, v. Schierstedt-Görzke) Frohnen zu Gebote standen; auch das Gut Dangelsdorf gehört wohl mit diesen beiden zusammen; im benachbarten Anhalt könnte nach Kraazens (für ritterliche Dörfer lückenhaften) Tabellen (S. 250/251) vielleicht Bärenthoren hierher gerechnet werden.

All diese Vorwerke stammen nicht aus der großen deutschen Kolonisation; wir lernten ja einige bereits als wüste Marken kennen (S. 35 a. 3).

Die Entwicklung wäre also gewesen: Bauerndorf — Wüstemark — Vorwerk mit Kossäten (bzw. reines Vorwerk).

Nach dem Landbuch der Mark Brdbg. (her. Fidicin) IV, S. 127 Nr. 41 ff. hatte 1375 Benken 40, Eichholz 21, Dangelsdorf 24 Hufen; im

Diese Entwicklung ist zur Zeit der Hausbücher noch im Flusse.

Von den späteren Vorwerken Mahlsdorf, Steindorf, Arensnest, Groß-Glien und Schmerwitz hatten 1575 die drei ersten den bezeichneten Entwicklungsgang schon ganz durchlaufen. Am ältesten scheint „vorwergk vnd scheferey" Mahlsdorf zu sein; über seine Gründung verlautet nichts.

Bei „vorwergk vnd scheferey" Steindorf steht der Zusatz „auch erst von Friderich Brandts Vater seligenn [also von (Christoph) Friedrich II.] angefangen", „gibt ein sthadtlich getreidich".

Die dritte Gründung war Arensnest; darüber heißt es: „Allhir ist die scheferey vor althers gewesenn, aber das Vorwergk ist vonn friederich brandt in neuhlichkeit neuerbauett vnd der Ackerbau erweitert worden." Durch einige Notizen erhalten wir eine Vorstellung davon, wie es beim Bau eines solchen Vorwerks herging. Es bestand bereits ein „Baw", der wahrscheinlich zur Schäferei gehört hatte, aber er „war vorfallen genug, vnnd nit mer dorann zu thun gewesen alß das Er aufgenommen, außgestoppffet mit moß vnnd das gerust herumb gebauet". Dann heißt es weiter: „Zur Zeith Ist hier her ein Wonhaus zweier gemach hoch, deßgleichen ein scheunen vnd langer Schur schon erbauet, mit guth schurung zugericht vnd sollen noch mer gebeuden dohin kommen." Ferner erzählt das Erbbuch von 1575, wie durch Friedrich Brandt selbst „wunderlicher weis ein Quell erfunden worden", der der jungen Anlage das fehlende frische Wasser lieferte: Als nämlich einst der Junker von Wiesenburg herübergekommen war, hat im Stillhalten sein Gaul, den er geritten, mit einem Fuß gestampffet und geschollen als wenn es hohl darunter gewesen; darauf wurden Schippen und Spaten geholt, der neuentdeckte Quell gefaßt und aufs Vorwerk geleitet, „giebt frisch Wasser im Haus, in der Küch und fürs Vieh auf dem Hofe". Wir geben die kleine Erzählung, da sie uns den Gründer so anschaulich bei seiner Kulturarbeit zeigt. Wie sehr sich Friedrich auch um das Kleinste kümmerte, sehen wir daraus, daß er im neuangelegten Hopfgarten selbst „die Ordnung im sezen der Beume gemacht, auch ezliche gepfropffet" hat.

Bei allen Vorwerken waren die Felder „also geschaffen, das sie von tag zu tag zu erweitern vnd Inn hohernn genus zu bringen".

Jahre 1452 („Grenzregulierung" C.d.B., B IV, 470 ff.) erscheinen sie als wüste Marken; auf diesen sind später Vorwerke enstanden.

Für Grützdorf wird Lehnacker erwähnt (Wiesenb. Archiv ao. 1696), den das Amt einem Bauern aus einem nahen Dorfe verliehen hat; auch auf der Hagelberger Flur scheint es Hufen gegeben zu haben.

Auffallend ist, daß wenigstens einige dieser Güter (z. B. Kl.-Glien 1595) „Erbgüter" genannt werden; einzelne führten auch in neuerer Zeit noch nicht den Namen „Rittergut" (Klepzig, Eichholz).

Groß-Glien und Schmerwitz waren damals noch „bloße Schefereyen“, „dabey ein zimlicher guther Ackerbau, vnnd wird von wiesenborgk aus bestheld, auch das getreidich gen wiesenborgk von den stugk [Stücken] gefuret“.

Im Jahre 1592 war Groß-Glien ebenfalls selbständig geworden. Das Erbbuch bemerkt: „scheferey vnd Ein forbergk, alda von Benno Friedrich Brandenn von Lindau erbauett.“

Schmerwitz ist bis nach dem Dreißigjährigen Kriege „Schäferei“ geblieben.

Vollständig neue Gründungen sind von 1575 bis zum Dreißigjährigen Kriege nicht mehr vorgenommen worden, obwohl Urbanus Otto im ersten Hausbuch bemerkt: „Dergleichen Vorwerge vnd schefereyen her Friedrich Brand mer anzurichten [sc. im Stande wäre], do er sich der geholz vorzeihnn wollte“ [1].

Der Herrschaft angegliedert wurde im Jahre 1595 das Vorwerk und Dorf Klein-Glien.

In der Exklave Boßdorf wurde durch Benno Friedrich ein Vorwerk mit Schäferei auf Bauernland neugeschaffen, indem das Boßdorfer Schulzengut ausgekauft wurde, das den stattlichen Umfang von 11 Hufen besaß [2]; dieses Vorwerk wurde, wohl weil es unbequem lag, im Jahre 1605 verpachtet.

Gern würden wir über die Größe dieser Vorwerke, ihren Körnerertrag, ihre Viehhaltung usw. Näheres erfahren. In den Hausbüchern wird dafür auf die jährlichen Rechnungen verwiesen, die aber nicht erhalten sind; dagegen bietet uns der Teilungsrezeß von 1627 noch in letzter Stunde Angaben über die „erbaueten Früchte“ und das „Viehe“; wir haben diese Angaben zu einer Tabelle vereinigt [3], in die wir auch die ungefähren Zahlen für die genutzte Fläche der einzelnen Güter eingesetzt haben, wie die Umrechnung aus den Ertragszahlen sie ergab [4].

---

[1] D. h. „auf die Gehölze verzichten wollte“.

[2] Zum Schulzengute gehörten 4 freie Lehnhufen in Boßdorf, 2 Hufen auf der Wm. Schrapsdorf und 5 Hufen auf der Wm. Assau.

[3] Tabelle II.

[4] Der Teilungs-Rezeß gibt den Ertrag in „Schock“ an; gemeint ist natürlich die Zahl der Bunde (Garben), die wir jetzt nach Mandeln (zu 16 Bund) zu zählen (und auch aufzustellen) pflegen.

Der Körnerertrag wurde durch Umrechnung gewonnen; wir legten die vor der Einführung der kleineren Garben („Puppen“) landesüblichen Gleichungen 1 Mdl. Roggen oder Weizen gleich rund 1 Schfl.,
1 Mdl. Gerste gleich rund 1½ Schfl.,
1 Mdl. Hafer gleich rund 2 Schfl.
zugrunde und nahmen das Schock zu 4 Mandeln an.

Aus dem Körnerertrag ließ sich die ungefähre Größe des Gutslandes erschließen, wenn wir die Ernte zum dreifachen Betrage der Aussaat annahmen, wie man damals zu rechnen pflegte (v. d. Goltz I, 260f.; Brinkmann S. 30: „auf mittelgutem Boden im günstigsten Falle etwa das vierte Korn“); kennt man die Aussaat pro Morgen, so kann

Die Hauptfrucht ist, wie auch jetzt noch, der Roggen; den Weizenbau gestattete der leichte Boden nur in beschränktem Maße; Wiesenburg und Mahlsdorf sind die einzigen Vorwerke, die eine verhältnismäßig geringe Menge liefern.

Der Gerstenbau nimmt, wie allgemein damals, einen weit größeren Raum ein als heutzutage, wogegen der Haferbau noch zurücktritt.

Die Hauptviehart sind, wie wir erwarten mußten, die Schafe; der Wollertrag des einzelnen Stückes ist nach heutigen Begriffen gering (Groß-Glien mit seinen 700 Schafen lieferte jährlich 23½ Stein [zu 20 Pfd.]; in Rechnung zu stellen ist aber daneben der Milchertrag[1]. Die Schweine- tritt vor der Rindviehhaltung durchaus zurück.

Das Hauptvorwerk ist noch immer Wiesenburg; ihm steht nahe das zweitälteste, Mahlsdorf; in beträchtlichem Abstande folgt die dritte Gründung, Steindorf; die jüngsten Etablissements sind noch kleiner.

Daß bei Klein Glien und Boßdorf keine Rinder und Schweine aufgeführt werden, erklärt sich daraus, daß sie verpachtet waren; Schmerwitz war eine „bloße Schäferei" d. h. ein Vorwerk im heutigen Sinne[2].

Die Vorwerksäcker wurden durch die Spann- und Handdienste der Untertanen bewirtschaftet, aber doch nur zum Teil; auch die Herrschaft hielt Spannvieh, obwohl in den Teilungsrezessen nichts davon erwähnt wird, abgesehen von der Bemerkung, daß die Hälfte des gesamten Heus „mit des Herren Pferden eingeführt" worden sei.

---

man aus der Gesamtaussaat die Morgenzahl der besäten Fläche berechnen. Wir dürfen nicht v. d. Goltz' Angabe (2 Schfl. Weizen, Roggen und Gerste, 2 gehäufte Schfl. Hafer pro Mg.) zugrunde legen, sie führt zu offenbar falschen Resultaten (bemerkt sei, daß auch v. d. Goltz von dem Morgen zu 180 □ Ruten, dem in unserer Gegend üblichen, spricht); die Aussaat muß geringer gewesen sein: das Hausbuch von 1592 (S. 75 a) redet von „3 Morgen Heideland, darauf zu säen 1 sch Roggen und 1 sch Hafer"; das jungfräuliche „Heideland" mochte eine besonders geringe Aussaat verlangen, auch war der Belzigisch-Wiesenburgische Scheffel (nach vorhandenen Exemplaren) etwas größer als der heute gebräuchliche Berliner; wir werden nicht allzuweit fehlgehen, wenn wir (den geringen Unterschied zwischen den Scheffelmaßen außer acht lassend) die noch heute landesübliche Aussaat von rund 1 Schfl. auf den Morgen zugrunde legen, wobei wir die Haufscheffel beim Hafer nur insofern berücksichtigen, als wir die gewonnenen Zahlen nach unten abrunden. (In Wustrau rechnete man auf die Hufe — rein als Flächenmaß? vgl. S. 63 a. 1. — 12 Schfl. Roggen, 9 Schfl. Gerste und 3 Schfl. Hafer.) Dem Körner tragenden Land ist dann noch die Brache hinzuzurechnen.

Daß unsere Zahlen ungefähr stimmen, zeigt sich beim Vorwerk Boßdorf; das ausgekaufte Schulzengut hatte 11 Hufen, also 330 Morgen; unsere Berechnung ergibt rund 300 Morgen; auch die Angaben über das Medewitzer Heideland, 1575 in Scheffeln, 1592 in Morgen, bestätigen die natürlich nur annähernde Richtigkeit unserer Berechnungen.

[1] Vgl. v. d. Goltz 279 ff. [2] Vgl. S. 49 a. 3.

Für die beiden Güter Hohen- und Lüttgenziatz wurden im Jahre 1630 4 Spann (Gespanne) Pferde und 13 Spann Ochsen gerechnet[1].

Zu einer so ausgedehnten Viehhaltung gehörten natürlich auch Wiesen. Diese lagen zum Teil in der Herrschaft selbst, besonders bei Wiesenburg und Mahlsdorf, zum Teil in dem großen Heureservoir der Gegend, den sogenannten „Belziger Landschaftswiesen", bei Dippmannsdorf und Baitz; sie lieferten zusammen 301½ Fuder Heu[2].

Eine andere „Nutzung", die Friedrich (III.) gleich den Vorwerken in die Höhe gebracht hat, sind die Teiche; Fischteiche bestanden auf vielen Vorwerken, aber auch bei den Dörfern; es kam vor, daß der Junker einem Bauern „einen Teichoff, darin ein helter", „zulegte", wie z. B. dem Jeseriger Krüger.

Das Erbbuch von 1575 sagt: „Den Teichen vnd heltern hat Friderich Brandt mit fassung der Springe[3] einen guthenn Zugangk von frisch wasser gemacht Alß vorhin ein gangen, vnndt vorhoft durch dis mittel den Teichen vnd heltern mer voll wasser zuzuwenden vnd der teiche höher zu genißen."

1627 wird der Wert der Teiche und Fischereien (in den Bächen) bei Wiesenburg, Schlamau und Briesen auf 2376 fl. 18 gr. angeschlagen.

bb) Die alten Dörfer.

α) Allgemeines.

Eine stattliche Fläche war der Kultur gewonnen, indem die Herrschaft sie unter ihren Pflug nahm; Hand in Hand mit diesem Aufschwung ging eine bedeutende Vermehrung der Einwohnerschaft; wir werden sehen, daß es kein zufälliges Nebeneinander war.

Wir wollen zunächst auf die Lage der alten Bewohnerschaft eingehen, denn diese wirkte naturgemäß auf die Bedingungen zurück, unter denen neue Anbauer aufgenommen wurden.

Mit der Erwerbung der Vogtei Wiesenburg waren sämt-

---

[1] „Wiederkaufs Recess" (L 16); s. u. S. 76 a. 1.
An Viehknechten und -mägden u. ä. hielt man z. B. in Wiesenburg (Chron. 38):

1 Schirrmeister zum Pflügen	mit 10	Thl.,
1 Wagenknecht	„ 12	„ ,
1 Ochsenknecht	„ 8	„ ,
1 Viehmagd	„ 7	„

jährlichem Lohn.

[2] Man rechnete 1—2 Fuder auf den Morgen (W 2, 67 b, 87 a und sonst); auf den Landschaftswiesen sind heute wenigstens die großen („sächsischen") Morgen (zu 300 □ Rth.) in Gebrauch.

[3] D. h. Quellen.

liche landesherrlichen Rechte auf den Besitzer übergegangen [1]; außerhalb ihrer Dorfmarken und einiger erblich zu den Dörfern gehörenden (verhuften) „wüsten Marken“ hatten die Untertanen keinerlei dauernden Besitz; die angrenzenden Waldgebiete im Norden waren ja überhaupt als menschenleere Wüste an die Brände gekommen. In den weiten herrschaftlichen Wäldern lagen die bäuerlichen Marken wie Inseln im Meer; was man außerhalb derselben nutzte („Dorfstätten“ [2] oder Rodeland), hatte man von der Herrschaft zu Laßrecht.

Haus, Hof [3] und Hufenschlag gehörte dem Hüfner, Haus und Hof [3] dem Kossäten erblich; er konnte ihn vererben und verkaufen [4]; eine gewisse Oberaufsicht des Junkers bestand schon insofern, als die Auflassungen vor seinem Gerichte zu erfolgen hatten; Ausdrücke wie „mit Vorwissen des Junkeren“ und ähnliches werden sich hierauf beziehen. Der Anerbe hatte den Miterben eine bestimmte Summe herauszuzahlen; der heute in unserer Gegend herrschenden Sitte würde es entsprechen, wenn er dabei bevorzugt worden wäre. Der alte Wirt baute sich wohl bisweilen ein „neu Heußgen“ auf dem Hofe.

Nach diesen Vorbemerkungen betrachten wir die einzelnen Orte der Herrschaft nach dem Hausbuch von 1575 [5].

Wir beginnen mit dem Vorort, dem „Städtlein“ Wiesenburg [6].

---

[1] Die sächsischen Güter außerhalb der Vogtei waren „amtsässig“; das Ober- und das Untergericht hatten die Brände 1696 auch auf ihnen.

[2] Vgl. u. S. 62.

[3] Hof ist immer im weiteren Sinne, einschl. des „Gartens“, zu verstehen, wie das Wort auf dem Lande noch heute gebraucht wird.

[4] Wir geben bei dieser Gelegenheit einige Güterpreise.

Dorf und Vorwerk Klein-Glien kosteten 1595 4500 Thl.

Den Jeseriger Krug, den bedeutendsten in der Herrschaft — er hatte „macht sein Eigen bier zu brauen“ und „gantz Virtell vnnd sonsten zu verkauffenn“, „thut ohngefehr 8 Brauenn“; dazu hatte er mehrere freie Lehnhufen —, nahm Zacharias Fingerlingk von seiner Mutter und seinen Schwestern für 800 fl. an.

Das Reetzer Kruggut mit 3 Dorfhufen und 4 Hufen auf Miltendorfer Mark wurde für 1000 fl. veräußert. Ebensoviel kostete das Boßdorfer Schulzengut, das Benno Friedrich 1597 auskaufte (vgl. oben S. 51 f.; es hatte 11 Hufen). Ein Dreihüfnergut in Wiesenburg brachte 200 fl., ein Kossätengut die Hälfte, ebenso viel eine freie Stelle in Wiesenburg.

Die bedeutende Wassermühle bei Gömnick an der Plane (heute „Alte Mühle“) — die Brände hatten sie vom Kloster Lehnin, dann vom Kurfürsten von Sachsen zu Lehen — nahm der Besitzer von seinen Stiefkindern für 1000 fl. an; die Windmühle bei Reetz kaufte der Junker für 700 fl.

[5] Hierzu Tab. III.

[6] Heute ist W. ein Dorf. In früherer Zeit muß es befestigt gewesen sein, denn Tore werden in den Erbbüchern öfters erwähnt, in einem wohnte ein Böttcher. Noch im 18. Jahrhundert wurde versucht, städtische Rechte für Wiesenburg in Anspruch zu nehmen, z. B. Jahrmärkte dort abzuhalten; die Bemühungen scheiterten an dem Widerspruch der benachbarten Städte (Chron. 131, 299).

Die Hüfner haben sich seit 1530/34 auf zwei vermindert, aber die Gesamteinwohnerzahl ist gestiegen: 12 Kossäten wohnen in Wiesenburg neben 19 „Freien".

Unter dem Namen der „Freien" wird die Handwerkerbevölkerung zusammengefaßt[1]; ein „Freier" hat Haus und Hof gleich dem Kossäten, seine Nahrung aber gewinnt er weniger durch den Ackerbau, sondern hauptsächlich durch sein Gewerbe. Die „Freien" entsprechen also den späteren „Häuslern"; so werden sie seit dem Dreißigjährigen Kriege auch hie und da genannt; im 19. Jahrhundert heißen sie „Büdner". Es gab zur Zeit der Erbbücher auch einige ackerbesitzende „Freie"; sie werden in der Folge wohl auch als „Anspänner" bezeichnet und gehen schließlich in den Stand der Kossäten über. In der Hauptsache waren die Freien, wie gesagt, Handwerker und Gewerbetreibende; es befanden sich unter ihnen 4 Töpfer, 3 Schneider, 1 „Beutenhauer" (wohl Böttcher), 1 Bäcker, 1 Teerbrenner, 1 Schmied, 1 Windmüller, 1 Wassermüller, 1 „Scharfrichter"; auch ein emeritierter Pfarrer und ein herrschaftlicher Jäger waren als „Freie" angesetzt. Der Name hat seinen Ursprung in gewissen Diensterleichterungen[2].

Nächst Wiesenburg am bedeutendsten ist das „wolbesazte" Dorf Reetz, der ehemalige Burgwardvorort.

In der Reetzer Flur liegen 7 freie Lehnhufen und 37 Erbhufen, außerdem gehört erblich zum Dorfe die Wüstemark Miltendorf mit einer freien Lehnhufe und 13 Erbhufen, sowie einige Stücke Lehnacker auf der Wüstung Bomsdorf, die sonst Laßgut ist.

Diese Hufen werden genutzt von 14 Hüfnern, welche Dorfhufen, Dorfhufen und Miltendorfer Hufen oder auch nur Miltendorfer Hufen haben[3]. Die Größe der Güter schwankt zwischen 2 und 7 Hufen. Neben dem Schulzengut mit 5 freien Lehnhufen gibt es noch 4 Lehnmänner, deren Lehnacker z. T. auf einer der Wüstungen liegt.

Die Zahl der Kossäten ist, wenn die Visitationsprotokolle zuverlässig sind, von 4 auf 11 gestiegen; an ihrer Spitze steht ein „Kossätenschulze" („cosseten schultes"), dessen Funktionen nicht klar sind.

Wir hören auch von einem Hausgenossen, dem Schneider.

Eine Windmühle befand sich beim Dorfe.

In Jeserig wohnen 1575 7 Hüfner und 5 Kossäten.

Die Größe der Hüfnergüter wird nach Aussaat angegeben; danach hätten die Hüfner im allgemeinen etwa 2—3 Hufen,

---

[1] Vgl. Passow I, 121; Schulze 229 ff.; Brinkmann 43.

[2] Vgl. u. S. 59.

[3] Man könnte hier an Zusammenlegung zweier Dorfschaften denken.

der Schulze und einer der beiden Lehnmänner (der Krüger) etwa 4—5 Hufen besessen.

Die Schlamauische Mark hat 22 Hufen, die sich unter 6 Hüfner verteilen; die Gütergröße schwankt zwischen 2 und 5 Hufen. Lehnhufen gab es nicht; das Schulzengericht war Erbgut, der „Erbschulze“ (5 Hufen) mußte „den anderen hufenern gleich zu hoffe“ [1].

Dazu wohnten in Schlamau 7 Kossäten.

Das Dorf hatte eine Wassermühle.

β) Abgaben.

Der Herrschaft leisteten die Untertanen Abgaben und Dienste.

Die Abgaben wurden gegeben einerseits von Haus und Hof, andererseits vom Hufenschlage.

Der Hüfner pflegte von seinem Hofe ein Rauchhuhn zu liefern; später und z. T. schon in den Hausbüchern wurde auch das Schock Eier, das ursprünglich neben dem „Holzgeld“ für das „freie Feuerholz“ gegeben worden war, als eine Abgabe von Haus und Hof aufgefaßt.

Der Kossät und der „Freie“ gaben 1—2 Hühner; ein einziges Mal kommt (in Wiesenburg) auch die Abgabe von 2 Gänsen für Haus und Hof vor.

Die Leistung konnte steigen, wenn der „Hof“ erweitert wurde.

Die Lehnschulzen und Lehnmänner zahlen alle drei Jahre die „Lehnware“ (einige Groschen) und bei Lehnsfall die „Leihunge“; die Lehnschulzen haben zudem die Pflicht, dem Junker, wenn er mit seinem Gesinde ins Dorf kommt, Essen, Trinken und Futter zu liefern. Außerdem geben Lehnrichter und Lehnmänner zur Ausstattung „der Junker und Fräulein auf dem Schlosse“ ¼ Faß Bier, 2 Hühner, 2 Schfl. Hafer. Das Bestpferd erhielt der Junker vom Schlamauer Schulzen, dessen Gut als Erbgut aufgeführt wird: „Do ehr ohne Menliche erben vorsturbet, geburet den Junkern das beste Pferdt.“

Die gewöhnlichen Hüfner leisten von ihrem Hufenschlage pro Hufe 1—4 Schfl. Roggen, 1—4 Schfl. Gerste, 1—4 Schfl. Hafer, doch so, daß der hohen Scheffelzahl der einen stets eine niedrigere der anderen Fruchtart entspricht; man gibt von der Hufe z. B. 2 Schfl. Roggen, 2 Schfl. Gerste und 4 Schfl. Hafer oder 4 Schfl. Roggen, 2 Schfl. Gerste und 2 Schfl. Hafer, und so fort in den verschiedensten Kombinationen.

Von den Erbwiesen scheint im allgemeinen nichts gegeben worden zu sein, sie rechneten zum Hufenschlage; doch kommen zuweilen auch etwa 3 gr. und 1 Huhn von einem Morgen

---

[1] Darüber vgl. S. 16 a. 1.

Erbwiese vor; „Wiesenzins“ und „Wiesenhühner“ wurden sonst nur von Laßwiesen gegeben[1].

Die Krüger, die z. T. Hüfner, z. T. Kossäten sind, zahlen von ihren Krügen den „Zapfenzins“, 1 gr. von jedem Viertel.

Zu diesen Lasten kommen die allgemeinen Abgaben.

Für das „freie Feuerholz“ gab jeder Untertan, der Pferde oder Ochsen hielt, 5 gr. „Holzgeld“ [und 1 β Eier], wer kein Zugvieh hatte, 2½ gr. [und ½ β Eier]; dafür stand ihnen das Recht zu, sich „Lagerholz zum Feuerwergk zu holen“; Holz vom Stamm zu hauen ist nicht gestattet, und „zum Markte dörffen sie Kein Fueder fueren, Vnnd das Holz zun gebeuden [müssen sie] kauffen, wofern es der Juncker ihnen nicht auß guethenn willenn erlassenn“.

Alle Untertanen mußten ferner den Fleischzehenden geben „als von Pferdenn, Rindtvihe, Ziegenn, Schaffenn, Schweinenn, Gensen und Bienen das Sechste.“

Mit dem Aufbringen des „Schosses“, der alten „Bede“[2], waren die Gemeinden betraut; die Summen, die für die einzelnen Dörfer aufgezeichnet sind, stehen in keinem Verhältnis zur Zahl der Stellen, so daß es unmöglich ist, die durchschnittliche Belastung eines Gutes anzugeben; die „neuen Kossäten“ wurden zu 1½ gr. veranlagt. Der Junker bezog aus Wiesenburg 5 fl. 15 gr., Jeserig 7 fl. 13 gr., Reetz 6 fl. und Schlamau 3 fl. Schoß auf Michaelis.

Das „Hufenkorn“ in Reetz ist wohl ein Äquivalent des Schosses[3]; so wird sich die verhältnismäßig geringe Geldbelastung des großen Dorfes erklären. Das „Hufenkorn“ beträgt etwa 1 Schfl. für die Hufe.

Eine zweite von den Gemeinden aufgebrachte Steuer ist die „Ausstattung“, später die „Fräuleinsteuer“ genannt; wir sprachen von ihr schon bei den Lehnrichtern. Jedes Dorf lieferte, wenn ein Sohn oder eine Tochter des Junkers sich verheiratete, 1 Faß gutes Zerbster Bier und 1 guten Ochsen, dazu jeder einzelne Hüfner 2 Schfl. Hafer und 2 Hühner, jeder einzelne Kossät 1 Schfl. Hafer und 1 Huhn; in Wiesenburg wurde außerdem von jedem Hause 1 Stück Garn geliefert.

Neben dem Junker gab es nur noch einige wenige Abgabenempfänger in der Herrschaft Wiesenburg. Zwei Höfe in Wiesenburg und Schlamau, die den Thümen auf Blankensee gezinst hatten, hatten die Brände „durch einen Vortrag und Wechsel an sich bracht“[4].

Vor allem kommen die Pfarrer in Betracht, die den Fruchtzehenden, auch vom Ritterland, erhoben; sie erhielten

---

[1] Vgl. S. 65.
[2] Schulze 250.
[3] „Jahrkorn“ anstatt der Bede Schulze 250.
[4] Nach den Lehnbriefen.

außerdem an den Quatembern des Jahres das gewöhnliche Opfergeld (1 ₰) von allen Personen über 12 Jahre [1]. Rauchhuhn und Fleischzehenden nahm der Pfarrer vom Schulzen und einem Hüfner in Schlamau. Dazu kommen die Pächte von den Kirchenhufen.

Der „Vogt", der spätere „Gerichtsdiener", hatte aus den alten Dörfern und Medewitz im ganzen 10½ Schfl. Roggen, 61 Brote, 4 Mandeln Roggen und 4 Mandeln Hafer zu fordern.

Auch der Jeseriger Schulze muß hier genannt werden, der von dem Kossäten George Barnutz (spr. ⏑ –́) den Fleischzehenden und das Rauchhuhn empfing.

γ) Dienste.

Außer den Abgaben leisteten die Untertanen der Herrschaft auch Frohnen.

Von den Diensten ursprünglich öffentlich-rechtlicher Art wird in Andeutungen erwähnt das „Botschaftlaufen", bei „kurzen Reisen" ohne Entschädigung, bei „langen Reisen auf 2 Meilen um 1 g", und der Spinndienst: „Vnd müssen in jedem hause ein stücke gahrnn aufspinnen lassen vnd trewlich damit vmbgehn".

Dazu kamen sicherlich schon damals Jagddienste, wahrscheinlich auch die Verpflichtung zum Heidelöschen und zum Bewachen des Schlosses.

Die Hüfner leisteten die „Landfuhren", zu denen auch die Lehnrichter und Lehnmänner herangezogen wurden; 1575 sind den meisten Lehngutsbesitzern die Lehnpferde bereits erlassen [2]; „aber die lantfuerenn mussen sie thuen" gleich den gewöhnlichen Hüfnern. In der Verpflichtung der Reetzer Bauern, die Niemegker Pächte zu holen, und der Wendisch-Borker, die Gömnicker Mühlenpächte zu verfahren, haben wir solche Landfuhren zu sehen; die Baufuhren scheinen die Hausbücher mit unter den „Landfuhren" zu verstehen.

Die Entwicklung ging aber weiter und stellte die Lehnbauern auch bezüglich der Wirtschaftsdienste den übrigen Hüfnern gleich (ohne daß die Lehnsqualität ihrer Güter dadurch beeinträchtigt wurde); 1627 dienen Lehnschulzen und Lehnmänner gleich den Hüfnern (bis auf den Jeseriger Krüger).

Welches nun diese wirtschaftlichen Dienste waren, ist nicht genau festzustellen. Beide Hausbücher postulieren für alle Untertanen ungesetzten Dienst gegen Kost: „Mussen, Wo wann vnnd ahnn allenn ortern, so oft es ihnen befolen, mit pferdenn, wagenn vnd mit der handt dienen, dann sie kein gewissen gesazten Dienst haben"; sie bekamen dafür „broth

---

[1] Vis.-Prot. (Müller) S. 146.

[2] Nur auf dem Jeseriger Kruggute blieb die Verpflichtung haften; es stellte später von den 3 Wiesenburger Lehnpferden das eine.

vnd kese, auch zu trincken". Doch an anderen Stellen tritt die Arbeitsteilung zwischen Hüfnern und Kossäten deutlich heraus: Jene dienten „mit Wagen, Pflugk vnd Egdenn", diese mit der Hand durch „Meihen, Harcken, mistladen vnd breiten" und ähnliches. Genauer sind wir über die Verpflichtungen der Kossäten in dem 1595 hinzuerworbenen Klein-Glien unterrichtet; diese mußten alles Korn abbringen, Handarbeit zu den Gebäuden leisten, Zäune machen, Holz hauen, Leim [1] auswerfen, im Garten graben, Flachs ausmachen und Botschaft laufen. Spanndienste leisteten die Kossäten nur von bestimmten Ackerstücken, die ihnen unter dieser Bedingung zugewiesen worden waren [2].

Vom Kossätendienst wieder unterschied sich der Dienst der „Freien" in Wiesenburg; das Hausbuch von 1575 sagt davon: „Die Einwoner heißt man die freien, darumb das sie In der Erndte nit Alle tage dorfen zu hofe gehen harken, Aber in der Heu Erndte seint sie schuldich gleich den andern mit der Harck; sonst müssen sie den andern gleich vf der Jagd gehen Unnd andern hofdienst mithun."

Eine vierte Art der Dienstverpflichtung endlich ist der „Hausgenossendienst", zu dem auch die Frauen herangezogen wurden.

Die Dienste waren also theoretisch ungemessen, praktisch aber gesetzt; man scheute die Fixierung, die gelegentliche Erhöhungen verhindert oder doch erschwert hätte [3]; daß die Frohnen nicht allzu schwer waren, geht aus den Aufzeichnungen der Dienstverpflichtungen im 18. Jahrhundert hervor [4].

Die entlegenen Dörfer Wendisch-Bork und Boßdorf gaben Dienstgeld, dort jeder Hüfner 2 alte β [5], jeder Kossät 1 altes β; hier jeder Hüfner 1 altes β, von den wenigen Kossäten erfahren wir die Summe nicht.

cc) Der Ausbau der alten Dörfer.

Wir erhalten aus den Hausbüchern den Eindruck, daß die Lage der Wiesenburger Untertanen im 16. Jahrhundert eine zufriedenstellende war; auf gesunde Verhältnisse läßt auch das Wachstum der Ortschaften zwischen 1575 und 1592 schließen [6]. Das Bild dieser günstigen Entwicklung wird vervollständigt durch Nachträge im zweiten Hausbuche, die uns bis an die Schwelle des Dreißigjährigen Krieges führen; 1627 ist infolge

---

[1] Wohl „Leimruten" zum Vogelfang.

[2] Darüber u. S. 65.

[3] Vgl. Wuttke 30 und Brinkmann 32 und 110.

[4] Vgl. S. 89.

[5] 1 altes Schock hat 21 gr. gleich dem Gulden (fl.). Nach Gründung des Vorwerks Boßdorf sind die Dienste wohl in natura geleistet worden.

[6] Vgl. Tab. III.

der ersten Kriegsunruhen die Einwohnerzahl bereits wieder zurückgegangen.

Die Zahl der Hüfner blieb naturgemäß dieselbe, wo sie sich nicht, wie in Wiesenburg, durch Auskauf sogar verringerte; aber die Zahl der Kossäten in den Dörfern und noch mehr die der „Freien" in Wiesenburg stieg; dies waren die beiden Institutionen, die gewissermaßen biegsamer waren und die Anbauer aufnehmen konnten.

Schlamau gewann 2 Kossäten, in Reetz siedelten sich 3 neue Kossäten an, um ebensoviel vermehrte sich Jeserig, wo außerdem ein freier Leineweber, der zugleich den Straßenzoll verwaltete, angesetzt wurde; an der Spitze aber marschierte Wiesenburg. Die beiden neuen Kossäten zwar werden auf den Restgütern der ausgekauften Hüfner sitzen [1], aber die Freien haben sich um nicht weniger als vierzehn vermehrt.

Zum Teil bauten alle diese neuen Bewohner auf vorhandenen wüsten Stellen auf, so z. B. die beiden Schlamauer neuen Kossäten; zum weitaus größten Teile aber wurden ganz neue Stellen geschaffen. Im Erbbuch heißt es dann etwa: „Andres Boltzförster ein cosset hat Neu haus und hof nach der Seh wardts aufgebauett" (Jeserig. „Die See" ist ein großer Teich bei Jeserig). „Andres Kleps Withwe (ihr Mann war Hüfner gewesen) hatt hauß vnnd hoff nach der Windtmuhle mit begunstigunge des Junkern vfgebauet"; aus dem Hüfnergute ihres Mannes sind „mit vfs Neu Cossetenguth 9 Morgenn Heidelande bei dem Wiepenberge gezogen" (Reetz).

Die neuen Kossäten leisteten den gewöhnlichen Kossätendienst; die Heide bot ihnen Land so viel sie brauchten und haben wollten [2].

Am besten unterrichtet sind wir über die Entwicklung Wiesenburgs. Wie schon erwähnt, nahm hier die Klasse der Freien die Neubauer auf; in der Tat handelte es sich fast ausschließlich um Handwerker und Gewerbetreibende, die planmäßig herangezogen wurden.

Wer seine Stelle bezahlte, erhielt sie erblich; so der Fleischer Hans Ruediger: „hat ein new heußlein vom Junckern vmb. Funffzigk gulden erkaufft, welche stedte von Paull (gemeint der freie Schuster Pauel Eitel Pauel) vmb 10 fl. gekauft worden, hatt darauff entrichtet 25 fl. zum Angeldt." In den meisten Fällen aber werden die neuen Häuser, wie es scheint, nicht Eigentum des Anbauers; ein solcher „Hausmann" entrichtet nur eine Hausmiete, die als „Dienstgeld" dem „Erbgeld" der Eigentümer entgegengesetzt wird; diese Unter-

[1] 1766 finden wir 5 Kossäten mit auffallend großen „Gärten" bei ihrem Hofe; dies sind vermutlich die Besitzer der 5 ehemaligen Hüfnerstellen.

[2] Über die Rodetätigkeit sprechen wir unten S. 61 ff.

scheidung ist nicht scharf, denn auch die erblichen Besitzer sind durch ihr „Erbgeld" vom Dienste befreit; von der Dienstbefreiung ausgeschlossen sind die Frauen der „Hausleute", die „Hausweiber".

Die Erb- und Dienstgelder sind infolgedessen verhältnismäßig hoch; jene betragen im allgemeinen 2 fl., diese 1—2 fl. Das Holz zum Aufbau des Hauses wurde geliefert; es findet sich die Bestimmung, daß beim Verkauf vom Angeld das Holz bezahlt werden soll. In Wiesenburg baute wohl meist die Herrschaft selbst die Häuser, die sie dann verkaufte oder vermietete.

Die Wiesenburger Bevölkerung hatte sich vermehrt um 2 Töpfer, so daß jetzt 6 Töpfereien bestanden, die jede im Jahre 16 mal brannten; von jedem Brand gab der Töpfer 2 gr. „Ofenzins", „vndt das Holz so ehr zu Börnunge der Töppe braucht, muß er nebenn anderenn Wolbestanden Meistern dem Junckeren sonderlichen bezahlenn". Zu den 3 Schneidern war ein vierter hinzugekommen. Neue Gewerbszweige hatten sich entwickelt durch die Ansiedlung eines Fleischers und zweier Leineweber. Der Interessanteste unter den neuen Bewohnern Wiesenburgs ist Andreas Wulstorff, ein „freier Niederländer", der schon durch die Höhe seines Dienstgeldes sich von den übrigen abhebt (er gab 3 fl.); wir wissen, daß unter Kurfürst August Niederländer zur Hebung der Gewerbetätigkeit nach Sachsen gezogen worden sind[1]; ein solcher muß auch seinen Weg nach Wiesenburg gefunden haben; nach der Chronik[2] soll er Branntwein gebrannt und Seife gesiedet haben, wovon die Herrschaft 4 Kannen bzw. 1/2 Stein (1 Stein = 20 Pfd.) bekommen hätte.

Auch Burchardus Haym, der freie Leineweber und Zöllner in Jeserig, ist seinem Namen nach ein Fremder, denn der Vorname Burchardus kommt, soweit wir sehen, in unserer Gegend sonst nicht vor.

dd) Die Rodetätigkeit der alten Dörfer.

Es ist aber nicht nur das Wachstum der Dörfer, welches unsere Überzeugung von der günstigen Lage der Wiesenburger Untertanen begründet, mehr noch ist es die Unternehmungslust des einzelnen Hüfners oder Kossäten, die uns zu diesem Schlusse bringt. Denn nicht nur die Herrschaft, sondern auch die bäuerliche Bevölkerung ist im 16. Jahrhundert eifrig daran, dem Walde das Land wieder abzugewinnen, das ihm in der Wüstungsperiode des 14. und 15. Jahrhunderts zum Opfer gefallen war; in allen Dörfern herrscht eine rege Rodetätigkeit.

Die „Heide" aber gehörte der Herrschaft; das „Heideland"

---

[1] Kämmel S. 83, aber auch Falke S. 95.
[2] S. 308.

ging deshalb nicht in den erblichen Besitz des Rodenden über, sondern wurde zu Laßrecht besessen und zwar wahrscheinlich auf Lebenszeit, wenigstens wird bei der Aufmessung von 6 Hufen für 6 Bauern aus dem benachbarten anhaltischen Dorfe Reuden bestimmt: „Diese hueffen sollen sie so lange behalten Alß sie Leben, doch gegen Erlegung der Pechte; wann sie aber vorstorbenn, So sollenn die nachfolger auffs neu darumb Anhalten"; tatsächlich blieben die „Heideländer" mit dem Gute verbunden[1]; von einer Einziehung gegen den Willen des Besitzers hören wir niemals. Mit den neugerodeten Wiesen wurde es genau so gehalten.

Man kann sagen, daß alles Laßgut in der Herrschaft mit verschwindenden Ausnahmen als Rodeland anzusprechen ist.

Zu diesen Ausnahmen gehören in allererster Linie die sogenannten „wüsten Dorfstätten"; so nannte man die mitten im Walde gelegenen Stellen der untergegangenen Dörfer, die noch nicht wieder vom Walde überwuchert waren. Diese Dorfstätten[2] hielten 15, 20, auch wohl 30 Morgen und wurden an einzelne Wirte benachbarter Gemeinden verpachtet; diese gaben je nachdem 20 gr. bis 3 fl. Laßzins oder einige Scheffel Getreide; der Schulze des Neudorfes Reppinichen hatte gegen Überlassung der Dorfstätte Herzhörnichen den Junker und sein Gesinde „zu speisen und zu tränken". Die Dorfstätten konnten in der Pacht erhöht oder dem Nutznießer genommen werden, falls die Herrschaft sie selbst beackern wollte.

Laßgut konnte auch dadurch entstehen, daß einer Stelle ein Stück Ritteracker zugemessen wurde.

Diese Flächen verschwinden aber gegenüber der Masse des gerodeten Laßackers. Es gab kaum einen Hüfner oder Kossäten in der Herrschaft, der nicht wenigstens einige Morgen Heideland besessen hätte; die meisten besaßen erheblich mehr. Die Herrschaft hatte, so scheint es, eine Generalerlaubnis zum Roden erteilt; von Zeit zu Zeit fanden Nachmessungen statt, nach denen die Pacht festgesetzt wurde. Jeder rodete, so viel er wollte und konnte; daher die Buntheit der „Kossätenfeldmark" von Wiesenburg im Flurbuche 1769: Selten sind

---

[1] Es kam dazu, daß sie im Laufe der Zeit erblich wurden (S. 87 f.).

[2] Zwar wird für „Dorfstätte" wohl auch gelegentlich „Wüstemark" gesagt, doch denkt man bei den wüsten Marken vor allem an die erblich zum Dorfe gehörenden, verhuften Feldmarken ehemaliger Siedlungen. Zu Reetz gehörten, soviel wir feststellen konnten, die Dorfstätten Bomsdorf, Kuhno, Elsholz, Falkenberg; zu Jeserig Alendorf (unsicher, ob Wm. oder Dorfstätte), Potzdorf, Gliemendorf, Kallotzsche, Setzsteig. Zu Wiesenburg und Schlamau scheinen keine Dorfstätten gehört zu haben. An das Neudorf Werbig kam die Dorfstätte Vicksdorf; der Krüger nutzte sie gegen 3 fl. Pacht. Dem Schulzen von Reppinichen wurde die Dorfstätte Herzhörnichen zugelegt. Von der „Torfstedte" Welsigke gab Felix Störmer im Belziger Amtsdorfe Grubo 12 Schfl. Getreide.

alle Kossäten in einem Gewann vertreten, fast regelmäßig fehlt ein Teil der Besitzer, bald dieser, bald jener; oft hat einer verschiedene auseinanderliegende Stücke im selben Gewann; dann wieder ist ein Gewann in den Händen ganz weniger Besitzer usw. usw.

Vom Heidelande wurde immer Getreide, niemals Geld gegeben; die Pacht betrug, wie aus den zahllosen Beispielen hervorgeht, für den Morgen bei einer Gesamtzahl von

1—3 Morgen 1 Schfl. Roggen oder 1/2 Schfl. Roggen + 1 Schfl. Hafer oder 1 Schfl. Roggen + 1/2 Schfl. Hafer oder auch 1 Schfl. Roggen + 1 Schfl. Hafer,

von 3 Morgen bis 1/2 Hufe[1] 1/3—1/5 Schfl. Roggen + 1/3 bis 1/5 Schfl. Hafer,

von 1/2 Hufe bis 1 Hufe 1/6 Schfl. Roggen + 1/6 Schfl. Hafer,

von mehr als 1 Hufe 1/8 Schfl. Roggen + 1/8 Schfl. Hafer.

Gerstenpacht kommt nur vereinzelt in Wiesenburg und Schlamau vor, in Verbindung mit Roggen oder auch mit Roggen und Hafer.

Die Leistungen begannen erst einige, meist 3 Jahre nach der Urbarmachung.

Aus den mitgeteilten Zahlen geht schon hervor, daß der Besitz an Rodeland oft ein sehr bedeutender war; die ersten genauen Angaben verdanken wir der großen Heidelandvermessung von 1575, die bei Aufnahme des ersten Hausbuches veranstaltet wurde; eine zweite Nachmessung fand 1606/1607 statt, so daß wir in der Lage sind, das Wachstum des Heidelandes über einen Zeitraum von etwa 30 Jahren zu verfolgen.

Ganz allgemein kann man aussprechen, daß die Größe des Heidelandes gern der Größe des Erbgutes proportional ist; der Fünfhüfner hat meistens mehr Heideland als der Vierhüfner, dieser mehr als der Dreihüfner usw.; die Kossäten besitzen in der Regel weniger als die Hüfner. Es gibt aber auch Hüfner, die nur einige Morgen, dagegen Kossäten, die über eine Hufe gerodet haben.

Nicht weniger unregelmäßig ist das Wachstum des Heidelandes seit 1575; bei manchen Gütern hat es sich überhaupt nicht geändert, bei manchen hat es sich um einige Morgen vergrößert, bei anderen hat es sich verdoppelt, verdreifacht, vervierfacht usw. Es kam eben auf die Tüchtigkeit und die Unternehmungslust der Wirte an.

Die Rodetätigkeit in den einzelnen Dörfern ist ebenfalls nicht gleich; die größte Expansionskraft bewies das Dorf Reetz; wir greifen einige markante Beispiele heraus (sämtlich aus Reetz):

---

[1] Die Hufe immer zu 30 Morgen.

Der Fünfhüfner Austin Dorbritzen besaß 1575 an Heideland 3 Hufen 5 Mg., der Vierhüfner Heinrich Bartell nicht weniger als 4 Hufen, der Dreihüfner Hieronymus Koch 1 Hufe 8 Morgen [1607: 1 Hufe 15 Morgen], der Zweihüfner Trebes Boltz 1 Hufe 18 Morgen [1607: 1 Hufe 25 Morgen]; von den Reetzer Kossäten hatte z. B. der Kossätenschulze Jores Krüger 1 Hufe 2 Morgen, Hans Lindemann 1 Hufe 1 Morgen, Steffan Schonhaer 24 Morgen usw.

Außerhalb von Reetz übertraf das Areal des Rodelandes im allgemeinen nicht 1/2 Hufe.

Wir fügen noch einige hervorstechende Beispiele für das Wachstum von Heidelandbesitz in den 30 Jahren zwischen den beiden großen Vermessungen an, die ebenfalls meist dem Dorfe Reetz entnommen sind.

Der Kossät George Hasche in Reetz besaß 1575 3 Morgen Heideland, 1591 wurden ihm dazu noch 8 Morgen, 1593 weitere 3 Morgen zugemessen, 1607 besaß er 23 1/2 Morgen. Der Kossät Merten Falkenberg in Reetz hatte 1575 4 1/2 Morgen, 1593 wurden ihm weitere 7 1/2 Morgen angewiesen, 1607 hatte er 17 Morgen. Der Hüfner Jacob Barnutz in Reetz besaß 1575 13 1/2 Morgen, 1607 33 1/2 Morgen. Zum Kruggute in Wiesenburg gehörten 1575 13 1/2 Morgen, 1607 27 Morgen. Die Beispiele ließen sich häufen.

Es kam auch vor, daß allen oder einer Reihe von Wirten einer Dorfschaft auf einmal bestimmte Stücken Heideland zugelegt wurden; eine solche allgemeine Aufmessung hat z. B. 1594 im Dorfe Schlamau stattgefunden, wo allen Kossäten 5, auch 6 und 7 Morgen Heideland zugelegt wurden. In Klein-Glien bekam, nachdem das Dorf 1595 an die Herrschaft Wiesenburg gelangt war, jeder der 10 Kossäten 2 Morgen Heideland an der Hagelbergischen Grenze; die Leistungen sollten Martini 1598 ihren Anfang nehmen.

Obwohl unsere Nachrichten über das Jahr 1607 nicht hinausreichen, so können wir doch überzeugt sein, daß erst der Dreißigjährige Krieg der Rodetätigkeit ein Ende setzte; infolge seiner Verheerungen gewann der Wald wieder die Oberhand über den Menschen, und der Kampf mußte in der Mitte des 17. Jahrhunderts von neuem beginnen.

Die eifrige Rodetätigkeit hatte zur Folge gehabt, daß viele Kossäten, dem Flächeninhalt des genutzten Landes nach, sich den Hüfnern fast zur Seite stellen konnten[1]; sie konnten natürlich ohne Zugvieh nicht wirtschaften; in der Tat ergibt sich z. B. aus dem doppelten Holzgeld, daß sie Gespann hielten, meist werden es Ochsen gewesen sein.

---

[1] Die Wiesenburger Kossäten z. B. hatten zur Zeit der Separation der Feldmark Wiesenburg 1833/34 jeder durchschnittlich 40 Mg. Land und 7 Mg. Wiesen.

Die Spannkraft ihrer Untertanen suchte die Herrschaft für den Betrieb ihrer Vorwerke zu gewinnen; das geschah auf die Weise, daß die Kossäten von bestimmten Stücken Heideland statt der Getreidepacht Ackerdienste leisteten, und zwar einige Tage im Jahr. So heißt es von einem Wiesenburger Kossäten: „Sein Heideland liegt nach Schmerwitz zu; davon gibt er Getreide und dient". Von einem Jeseriger Kossäten wird gesagt: „Vom Blixberge dienet ehr den anderen Cosseten gleich". Die Zahl der Spanntage erfahren wir nur in Klein-Glien, wo der Laßschulze „ein stucke bei dem kienbaum" hat, „dauonn dienet ehr Funff tage Jehrlichenn mit dem Pfluege"; ähnlich ist es bei den anderen 9 Kossäten; die Zahl der jährlichen Spanndiensttage schwankt zwischen 3 und 5. Auch von den 1596 zugemessenen 2 Morgen Heideland sollten sie 1 Tag zur Roggen- und 1 Tag zur Gerstensaat pflügen (und außerdem noch 1 Schfl. Roggen geben).

Gegen das Heideland treten die gerodeten Wiesen naturgemäß zurück; eine rege Rodetätigkeit herrschte auch hier, sowohl seitens der Herrschaft als auch seitens der Untertanen. Die typische Abgabe für einen Morgen Laßwiese ist 4 gr. „Wiesenzins" und 1 „Wiesenhuhn".

ee) Die „Neudörfer".

Der Ausbau der bestehenden Ortschaften und die Erweiterung des zu ihnen gehörenden Ackerlandes kann sich an Bedeutung und Großzügigkeit nicht messen mit der Anlage ganz neuer Dörfer, welche ein Vielfaches der durch den Ausbau gewonnenen Stellen schuf und gänzlich unbewohnte Landstriche der Kultur zurückeroberte.

Wir hörten bereits 1530/34 [1] durch die Visitationsprotokolle von der Gründung eines solchen „Neudorfes"; die kurze Notiz kann uns nicht genügen, wir müssen Aufschluß zu bekommen suchen über das Besitzrecht, die Landausstattung, die Verpflichtungen usw. der Kolonisten. Die Hausbücher geben uns diese Möglichkeit.

Die älteste Gründung, Medewitz, ist seit 1534 um 2 Kossäten gewachsen; das Dorf hat also jetzt (1575) 5 Hüfner und 5 Kossäten. Der „schultes" Bernhart Gotzk ist ein Erb-, kein Lehnschulze; er muß den Hüfnern gleich dienen. Von Haus und Hof wird das Rauchhuhn, dazu 1 β Eier gegeben; an Holzgeld zahlt man den gewöhnlichen Satz von 5 bzw. 2 1/2 gr.

Über den zu Medewitz gehörenden Acker berichtet das Hausbuch von 1575: „Vorzeit ist wenich Acker zu dissem Dorffe gewesenn, der Erblich bey den hoffen"; von diesem

---

[1] Vgl. S. 47.

Acker, „so anfenklichenn, Wie das Dorff erbauet, gewesen“, gibt jeder Hüfner 40, jeder Kossät 20 gr. Zins statt der Getreidepacht; er war so wenig bedeutend, daß das Hausbuch von 1592 bei einigen Hüfnern und Kossäten die Bemerkung hat: „hat keinen Erbacker, sondern was ehr auß der Heidenn geriessen“. Diese Wendung zeigt schon, wie die Medewitzer dem Mangel an Land abgeholfen hatten: Sie hatten in der umliegenden Heide gerodet; das Heideland besaßen sie nun natürlich zu Laßrecht wie die Einwohner der alten Dörfer; wie diese gaben sie einige Scheffel Getreide davon.

3 Hüfner hatten 1575 jeder etwa 1 Hufe, die beiden übrigen jeder etwa 20 Morgen Heideland. Von den Kossäten besaßen einige fast eine Hufe Heideland, der Krüger sogar über 1 $^{1}/_{2}$ Hufe; andere wieder beackerten nur wenige Morgen, hatten aber 1607 ihren Besitz vervielfacht und nutzten etwa $^{1}/_{2}$ Hufe.

Verglichen mit der großzügigen Anlage der späteren Neudörfer macht Medewitz einen ärmlichen Eindruck; man hat die Empfindung, als sei diese Gründung nicht so gelungen, wie sie geplant gewesen: Die Unterscheidung zwischen Hüfnern und Kossäten wäre andernfalls sinnlos; auch hätten so geringe Anerbietungen kaum Kolonisten anzulocken vermocht. Wenn wir nun aus den Visitationsprotokollen erfahren, daß die Medewitzer 1530 nicht vor den Visitatoren erschienen „sterbenshalben an der pestilentz“, so liegt es nahe, in diesem Unglück die Ursache für das Mißlingen der Gründung zu suchen; der Mißerfolg könnte zugleich die Wirkung gehabt haben, Christoph Friedrich von weiteren Versuchen abzuhalten [1].

Das nächste Neudorf wurde in der verlassenen Waldgegend des nördlichen Teiles der Herrschaft auf sächsischem Gebiet gegründet; es erstand auf der wüsten Mark Groß-Briesen. Der ganzen Anlage nach gehört Groß-Briesen mit den beiden nächsten Gründungen Neu-Werbig und Reppinichen zusammen; wann es gegründet wurde, wissen wir leider nicht genau, sicher aber vor 1569, dem Gründungsjahr des Neudorfes Werbig; es ist 1575 bereits vollbesetzt, den Titel „Neudorf“ führt es nicht mehr; wir können als spätesten Termin etwa das Jahr 1565 annehmen.

Neu-Werbig und Reppinichen, jenes im märkischen Teile der Herrschaft, dieses am Westrande der alten Vogtei Wiesenburg, sind 1575 noch im Entstehen begriffen; über diese beiden Dörfer werden wir infolgedessen näher unterrichtet [2].

---

[1] Vgl. S. 47.

[2] Beide Dörfer lagen auf wüsten Marken. Auf der Wm. Werbig „soll“ ein Schäfer gewohnt haben, der 50 Thl. Pachtgeld zahlte (Chron. 406 a. 1); die Wm. Reppinichen gehörte 1530/34 zu Reetz (Vis.-Prot. [Müller] 156).

Werbig war 1375 ein Dorf mit 30 Hufen (Landbuch IV, S. 127.

Neu-Werbig wurde im Jahre 1569 gegründet; Ostern 1571 (oder 1572? „Izo kommende osternn 4 Jar", Hausbuch 1575) wurde der Beginn mit dem Bau von Reppinichen gemacht.

Von Werbig heißt es: „Ist von Fridrich Brand von Lindau für 6 Jar erbauet worden, den leutenn das holz zu denn gebeudenn gegebenn, doch wo einer vorkaufenn wurde, soll er das holz zu bezalen, auch den dritten pfennigk zu geben schuldigk seinn"[1]; auch ist „denen Leuthen ein plaz heide, daraus acker zu machen, angewiesen worden, domit ein Ider hufener zu 2 hufen Ackers vnnd Ein Ider Cotsesser Inn Idem felde 1 stugk Ackerß haben möge, Ir Brothkorn darauf zu gewinnen".

Ganz ähnlich lautet der Bericht über Reppinichen: „Ist Izo kommende osternn 4 Jar zu bauen angefangenn, also das 16 hufener vnnd 8 Cossesser doselbst vfbauen vnnd zu wonen komen sollten, doch nitt mer Acker nehmen alß Inen der vmbkreis angewiesenn"; es folgen Bestimmungen über das Bauholz usw.

Die Gründung eines Neudorfes erfolgte also dergestalt, daß auf der wüsten Mark, die zur Besiedlung bestimmt war, für eine gewisse Zahl von Hüfnern und Kossäten Land ausgemessen wurde; jeder Hüfner bekam 2 Hufen[2] zugewiesen, jeder Kossät ein Stück Land in allen drei Feldern[3].

Die Ausstattung der Kossäten mit Acker in der eigentlichen Dorfflur ist auffallend; es handelte sich hierbei auch nur um einen Versuch, denn unter Werbig bemerkt das Erbbuch von 1575: „wurden aber die Cotsesser die Pacht nit gebenn, So will Im der Juncker das vorbehalten habenn, Inen denn Acker zu nemenn, vnd den hufenern denselben zulegen. Alßdann mogenn sich die Cotsesser mitt Iren houenn[4] alleinn behelffen." Der Versuch lag nahe, da in der Herrschaft Wiesenburg die Kossäten durchweg wenigstens einige Morgen Heideland besaßen.

In Groß-Briesen und Neu-Werbig wurden Stellen für 12 Hüfner und 8 Kossäten, in Reppinichen für 16 Hüfner und 8 Kossäten geschaffen. Dazu kam in Werbig und wohl

---

Nr. 42). Reppinichen muß noch 1420 bewohnt gewesen sein; in einer Schadensrechnung des Markgrafen Friedrich von Brandenburg gegen den Erzbischof von Magdeburg heißt es: „Arnd cleger greif II menre vom wollin (Wollin, märkisches Grenzdorf) by Repineken" (C.d.B., B III, 348).

[1] Das gewöhnliche Abzugsgeld betrug nach dem Belziger Amtsbuch von 1591 8 ₰ von 10 gr., also 1/15, „hinüber und herüber".

[2] In Gr.-Briesen wird nach Aussaat angegeben; hier sind es etwas weniger als 2 Hufen. Den Werbiger Hüfnern wurde zwischen 1575 und 1592 noch je 1 Hufe erblich zugemessen.

[3] In Gr.-Briesen 2 Schfl. Roggenaussaat in jedem Felde, im ganzen also etwa 6 Morgen.

[4] „Höfen" = Wirtschaftshöfen + „Gärten".

auch in Reppinichen eine Hufe für den Pfarrer; in Gr.-Briesen scheint statt dessen ein höheres „Opfergeld“ gegeben worden zu sein; dieses betrug 8 ₰ für jede Person über 12 Jahren gegen 1 ₰ in den übrigen Dörfern.

Die Schulzen in den neuen Dörfern wurden als „Erbschulzen“ mit Dienstverpflichtung angesetzt; ihr Gut glich dem gewöhnlichen Hüfnergute, nur daß ihnen für die Verpflegung des Junkers einige Breiten zugelegt wurden.

Die Abgaben wurden ganz gleichmäßig festgesetzt. Ein Hüfner gab von Haus und Hof 2 Rauchhühner, dazu 1 ß Eier und 5 gr. Holzgeld, und von jeder Hufe 6 Schfl. Roggen, 7½ Schfl. Hafer und 1½ Schfl. Gerste[1]. Ein Kossät gab von Haus und Hof 1 Rauchhuhn, dazu 1 ß Eier und 5 gr. Holzgeld[2], und von seinem Acker 1 Schfl. Roggen und 2 Schfl. Hafer. Die Leistung der Abgaben begann 3 Jahre nach der Annahme des Gutes.

Bezüglich der allgemeinen Abgaben (Schoß, Fleischzehnt usw.) wurden die Kolonisten den übrigen Untertanen gleichgestellt, desgleichen bezüglich der Dienste.

Sie besaßen ihre Güter erblich, obwohl sie, wie es scheint, ein Kaufgeld nicht entrichteten; das erklärt sich wohl daraus, daß sie den zugewiesenen Boden zum größten Teile erst roden mußten.

Der Junker sicherte sich durch die Bestimmung, daß Annehmer, die ihre Stellen aufgaben, das frei gelieferte Bauholz nachträglich bezahlen und den dritten Teil ihres Vermögens als Abzugsgeld geben sollten.

Das waren die Bedingungen, unter denen die Güter den Kolonisten angeboten wurden; und es fanden sich Annehmer, wenn es natürlich auch Jahre hindurch dauerte, ehe alle Stellen besetzt waren.

Vollbesetzt war im Jahre 1575 nur die älteste dieser Gründungen, Groß-Briesen; in Werbig und Reppinichen werden im ersten Hausbuche die Besitzer der einzelnen Stellen noch nicht genannt, ein Zeichen dafür, daß diese Neudörfer noch in den Anfängen steckten.

Über den Stand von Reppinichen im Jahre 1575 haben wir in der „Pfarrmatrikel“ dieses Jahres[3] eine Notiz, aus der wir entnehmen, daß immerhin bereits 11 Hüfner aufgebaut hatten, „und seint noch 5 wüste Hüfnerstätten zu bauen und 8 Kossäthen“. Im Jahre 1592 war die Zahl der Hüfner beinahe voll, das Dorf hatte ihrer 15. Besonders groß scheint die Nachfrage nach Kossätengütern gewesen zu sein, denn

---

[1] Später wurde statt des 1½ Schfl. Gerste ½ Schfl. Gerste + ½ Schfl. Heidekorn (Buchweizen) gegeben.

[2] Die Kossäten hielten also Spannvieh.

[3] Chron. 379.

nicht nur die 8 ursprünglichen Stellen waren besetzt, sondern es waren noch 4 neue geschaffen worden. Dazu hatte ein Windmüller „Windtmuele und Heußlein“ aufgebaut.

Auch Werbig hatte sich günstig entwickelt: 12 Hüfner und 8 „alte“ Kossäten „pachteten“ bereits und 1597 sollten auch die 4 „neuen“ Kossäten, die 1592, 1593 und 1596 aufgebaut hatten, mit der Pacht anfangen.

Woher kamen die Annehmer für alle die neuen Stellen, die die Einwohnerzahl der Herrschaft Wiesenburg etwa verdoppelt haben mögen? Sicherlich nur zum kleinen Teile aus der Brandtsheide.

In dieser Verbindung scheint eine gelegentliche Notiz im Belziger Amtserbbuch von 1591 nicht ohne Bedeutung, nach der Friedrich Brandt mit dem Amte einen Vertrag geschlossen hatte des Inhalts, daß zwischen seinen Gütern und dem Amte Belzig-Rabenstein ein Abzugsgeld nicht mehr gegeben werden sollte; die Absicht ist klar: Friedrich Brandt will die Übersiedlung von Amtsuntertanen in seine Herrschaft erleichtern.

Trebes Schubotz von Lotzschke und Trebes Wernitz von Brück, zwei Werbiger Kossäten, sind die einzigen, deren Heimat ausdrücklich genannt wird; sie stammen tatsächlich aus dem benachbarten Amte Belzig-Rabenstein. Bei den anderen Kolonisten können wir nur aus ihren Namen einen Schluß auf ihre Heimat ziehen; die Beweglichkeit des Familiennamens in jener Zeit berechtigt uns, das Dorf, von dem er genommen ist, oder dessen nicht zu ferne Umgebung als Heimat des Trägers anzusehen. Auf das Amt Belzig-Rabenstein würden danach hinweisen der in Groß-Briesen verbreitete Name Reddigk (Rädigke), der Name Kranapuel in Werbig und Reppinichen (Kranepuhl); aus dem Amte Zahna kommt der Name Schönefeld vor (Schönefeld aber auch Wüstemark bei Belzig), aus dem Amte Jüterbog Walstorff (Wahlsdorf), aus dem Amte Schweinitz Wildenau. Die Brände hatten in Zahna aus verschiedenen Dörfern „Amtspächte“ zu fordern, ein Drittel des Dorfes Leetza im Amte Schweinitz gehörte der Hagelberger Linie, Grochewitz an der schwarzen Elster war zeitweilig in ihrem Besitz; an Beziehungen zu dieser Gegend fehlte es ihnen also nicht. Auf außersächsische Herkunft könnten Göres (Göritz in Anhalt, hart an der Grenze der Herrschaft) und Landicken (Ländchen Bärwalde, dem Amte Schweinitz benachbart) deuten. Von den charakteristischen Namen in den alten Dörfern findet sich in den Neudörfern nicht ein einziger.

Es waren ganze Familien, die sich aufmachten, um in der Brandtsheide eine neue Heimat zu finden; in Groß-Briesen gab es z. B. 4 Reddigks, Hüfner und Kossäten, in Reppinichen 5 Vertreter der Familie Ehle usw.

Wollen wir, die Entwicklung der Herrschaft Wiesenburg von der Mitte des 15. Jahrhunderts bis zum Beginn des

Dreißigjährigen Krieges noch einmal überschauend, den Eindruck wiedergeben, der sich uns dabei aufdrängt, so müssen wir sagen: Es ist ein außerordentliches Kulturwerk, das hier geleistet worden ist[1]. Es war gelungen, das öde Land wieder in Kultur zu bringen; die Art der Nutzung allerdings hatte sich geändert: Früher hatte es in der Vogtei Wiesenburg und ihrer Umgebung nur bäuerliche Kolonistendörfer gegeben; diese waren zum größten Teile untergegangen. Den Wiederanbau hatte ein energisches Adelsgeschlecht in die Hand genommen; das Land bedeckte sich mit einer einheitlich geleiteten Organisation von Schäfereien und Vorwerken; hauptsächlich wohl, weil man für diesen immer wachsenden Eigenbetrieb Arbeitskräfte brauchte, wurden auch neue Dörfer gegründet.

f) Die Einnahmen der Herrschaft.

aa) Die Forsten u. ä.

Die Erträge der Herrschaft Wiesenburg hatten sich infolge dieser Kulturtätigkeit natürlich ganz gewaltig gehoben; daneben spielten aber die alten Einnahmen, besonders die aus den Forsten, noch immer eine bedeutende Rolle.

Die herrschaftlichen Wälder waren allerdings durch die Holz-, Weide- und Streugerechtigkeit der Untertanen nicht unbedeutend belastet; die Gegenleistung bestand nur in der Zahlung von 5 bzw. 2½ gr. Holzgeld (und anfangs noch in der Lieferung von 1 bzw. ½ ß Eier, die später als Abgabe von Haus und Hof angesehen wurden)[2]; das anderwärts übliche[3] „Mastkorn", „Forstkorn" o. ä. wurde in der Herrschaft Wiesenburg nicht gegeben.

Von diesen Servituten abgesehen, gehörte der Wald und seine Nutzung ausschließlich dem Junker. Die größte Rolle spielte, wie heute noch, der Holzverkauf: „Aus dieser Heydenn mus sich der ganze flemmingk fast des feuerwergks erholenn, deßgleichenn auch die benachpartenn In Andern vmbliegenden Ämbternn, Ist auch des fichten Bauholzes die mennich darinn,

---

[1] Soweit wir die einschlägige Literatur kennen, will es uns scheinen, als ob das 16. Jahrhundert nach dieser Richtung noch nicht genügend gewürdigt würde; denn nicht nur in der Herrschaft Wiesenburg und ihrer nächsten Umgebung (darüber s. S. 49 a. 4) sind neue Dörfer gegründet worden: in der Elbaue erwähnen die Vis.-Prot. (Pallas) II 1, 244 zum Jahre 1575 das „neulich aufgebaute Dorf Gatitz" (Gaditz bei Kemberg), „dem Gurge Leutzsch zuständig"; im Lande Dessau wurde das Dorf Rosenfeld 1543 neuangelegt (Kraaz, Tabellen S. 246/247); erinnert sei auch an die von Kurfürst August auf parzellierten Vorwerken geschaffenen Gemeinden.

[2] Darüber S. 56 f.; erwähnt wird vor dem 30jährigen Kriege nur die Holzservitut.

[3] Vgl. Schulze 358.

desgleichen Eichen, birgken und Buchen." Es wurden, wie aus dem Teilungsrezeß von 1627 hervorgeht, „zu gewißen bestimten Zeiten Holzmärkte angestellet", ganz entsprechend den heutigen Holzauktionen.

Eine „pflegliche Behandlung" der Forsten scheint schon damals geübt worden zu sein, wenigstens wird 1627 ein „Forstmeister" erwähnt, dem die Holz- und Forstknechte unterstellt sind; 1620 kaufte Benno Friedrich vom Jeseriger Schulzen eine Breite Landes am Setzsteiger Wege für 26 fl. 7 gr. 6 ₰ und von Hüfner Peter Benkens Nachfolger in Jeserig eine Breite auf den Fuchsbergen für 8 fl., um darauf eine „junge Dickte" [1] aufschlagen zu lassen.

Eine andere nicht unwichtige Einnahmequelle war der Zins von den Teerbrennern; es gab Teerhütten in oder bei Wiesenburg, Jeserig und Reetz; die Teerbrenner gaben einen Ofenzins von jedem Brande, ähnlich wie die Töpfer, wenigstens war es im 18. Jahrhundert so [2].

Hierzu trat die Nutzung der wilden Bienen und der Jagd, welch letztere aber keinen hohen Ertrag abwarf: „ist kund und offenbar das wenich wildpreth vf der Heide mer antzutreffen oder zu bestetigen"; dieser Mangel mochte hervorgerufen sein durch die häufigen kurfürstlichen Jagdbesuche, mit denen der Lehnsherr das Recht auf die hohe Jagd, das er sich vorbehalten hatte [3], ausübte.

Über die Rechte des Junkers wurde scharf gewacht, schwere Strafen bedrohten den Frevler [4]. Holzdiebe konnten ohne weiteres „an den Baum gehenket werden", wenn nicht die mildere Strafe des Staupenschlages oder der Verweisung aus den Brändischen Gütern eintrat. Peter Falkenberg zu Reetz hatte in der Heide „etzliche Bäume aufgeschlagen, den Honigk daraus genommen, um denselben in der Margke (Brandenburg?) zu verkaufen"; er hat dadurch, wie er selbst einräumt, sein Leben verwirkt; er wird mit Verweisung aus der Herrschaft bestraft. Auch Gürgen Sausewind, der 1573 aus dem Teiche zu Steindorf „Karaussen und andere Fische" gestohlen und sie in Belzig verkauft hatte, hat sein Leben oder wenigstens Staupenschlag verwirkt.

Weitere Einnahmen flossen aus dem Geleitsgeld [5], der Braugerechtigkeit (neben dem Junker war nur der Jeseriger Krüger brauberechtigt), aus den Gerichtsgefällen usw. [6].

---

[1] Dickicht. [2] s. S. 97.

[3] s. S. 43.

[4] Nach dem „Amtshandelsbuch" von 1557 ff. (Chron. 28 ff.).

[5] Jeder Wagen gab 4 ₰, Ochsen und ledige Pferde je 2 ₰, Schafe, Schweine und Ziegen je 1 ₰. Damals führte z. B. die bedeutende Handelsstraße Zerbst—Belzig—Brandenburg durch die Brandtsheide. Darüber auch Chron. 340 Anm.

[6] Vgl. auch den Abschnitt über die Abgaben der Untertanen S. 56 ff.

bb) Die auswärtigen Nutzungen.

Es war natürlich, daß auch die angrenzenden Amtsdörfer mit dem mächtigen Nachbarn in Beziehung traten.

Aus Reuden im anhaltischen Amt Lindau gaben die 6 Hüfner, die Heideland in der Herrschaft besaßen [1], „vermöge des Herren Haubtmanns Siegemund von Lattorff gegebenen Reuers“ 12 Schfl. Roggen und 3 Schfl. Hafer von jeder Hufe. „Ihrer acht“ von Mützdorf (A. Rabenstein) leisteten wegen Hutung, Trift und Holz jährlich 2 Tage Wildfuhren und 1 Kornfuhre von 12 Schfl. auf 4 Meilen, und gaben (wohl insgesamt) 12 fl. Weidegeld. 11 Hüfner von Bergholz (Amt Belzig) mußten, wahrscheinlich wegen ähnlicher Berechtigungen, 2 Tage im Jahr pflügen und 2 Tage misten. Auch das anhaltische Dorf Stackelitz hatte wenigstens in späterer Zeit solche Leistungen; die „Erinnerungspunkta zur Lehnsteilung“ (wohl zu der von 1682) erwähnen nämlich, daß die Mützdorfer und Bergholzer Nutzungen den Stackelitzschen und Reudenschen stillschweigend gleichgesetzt worden seien.

Die Hufen des 1576 gekauften Burgmannengutes [2] im Sandberg „vor Belzig“ bewirtschafteten die Brände nicht selbst, sondern gaben sie an Belziger Bürger und Bergholzer Bauern zu Laßrecht d. h. auf Zeitpacht; wir werden sogleich darauf zurückkommen.

Die bei weitem bedeutendste auswärtige Nutzung aber stellen die „Amtspächte“ dar, deren Grundstock die Verleihung von 1420 ist [3]. Das Hausbuch von 1592 gibt eine genaue Spezifikation dieser Einkünfte: Es waren Geldzinse und Getreidepächte aus den benachbarten sächsischen Ämtern Belzig-Rabenstein, Zahna und Wittenberg (hier nur aus dem Dorfe Straach), dazu aus einigen Magdeburgischen Dörfern, im ganzen

37	fl.	10 gr.	1 d.	an Geld,
1	Wspl.	21 1/2	Schfl.	Weizen,
38	„	2 1/2	„	Roggen,
9	„	2	„	Gerste und
33	„	6	„	Hafer.

Für die einzelnen Ämter gab es Verwaltungszentralen; die Belziger Pächte wurden auf das freie Haus des Junkers zu Belzig, die Zahnischen auf sein freies Haus zu Zahna „geschüttet“; die „stiftischen“ Pächte mußten nach seinem Hause in Magdeburg geliefert werden.

---

[1] s. S. 62.

[2] s. S. 45.

[3] Eine zahlenmäßige Vergleichung der Angaben in den Lehnbriefen mit denen von 1592 zeigt bei allgemeiner Übereinstimmung im einzelnen erhebliche Abweichungen.

cc) Die Gesamteinnahmen der Herrschaft und ihre Steigerung.

Die Gesamteinnahmen der Wiesenburger Linie aus ihren Dörfern und ihren auswärtigen Berechtigungen (nicht eingerechnet die Erträge der Vorwerke und Schäfereien) betrugen im Jahre 1592:

Geldzinse	353 fl.	2 gr.	3 d.
Weizen	1 Wspl.	21½	Schfl.
Roggen	117 „	15	„
Gerste	22 „	20½	„
Hafer	79 „	7¾	„
Heidekorn (Buchweizen)	1 „	4	„
Erbsen		3	„
Schrotkorn		22	„
Malz		14	„
Steinmehl		6	„
Hühner	11 Schck.	13	Stck.
Eier	146 „	46	„
Gänse		5	„

Dazu 15 Stein [1] Flachs und 1 Schfl. Hanfkörner aus Wendisch-Bork [2].

Es wäre interessant, wenn wir die Steigerung der Einnahmen wenigstens seit 1575 verfolgen könnten; aber nur über die Geldzinse finden wir im Hausbuche von 1575 einen Anhang, der die Summe für dieses Jahr auf 246 fl. 14 gr. berechnet und dann fortfährt: „es werden aber in dem neuen Erbzinßbuch, so Benno Friedrich Brandt vonn Lindau Ao 1592 vorfertigen lassen, 353 fl. 2 gr. 3 d. befunden, vnd vbertrieft dieß neue das vorige Erbbuch mit 106 fl. 9 gr. 3 d.“ Es war also eine Steigerung von über 40 % in etwa 20 Jahren erzielt worden; ähnlich mag es sich mit den Getreidepächten verhalten.

Die Entwicklung ging nach 1592 weiter; der Ausbau der Dörfer, die Zunahme des Heidelandes usw. hatten ein fortgesetztes Wachsen der Einkünfte zur Folge. Dem wurde durch Erhöhung der Abgaben noch nachgeholfen. Die Erbzinse und Erbpächte freilich waren feste Reallasten und sind bis zu ihrer Ablösung nicht wesentlich verändert worden [3];

---

[1] 1 Stein = 20 Pfd.

[2] Die Verwaltung dieser Einkünfte (und der Vorwerke) erforderte natürlich Personal; es wurden (nach Chron. S. 38) gehalten: 1 (Amts)-haubtmann mit 100 Thl., 1 Amtsschreiber mit 30 Thl. und 1 Kornschreiber mit 20 Thl. jährlichem Gehalt.

Den Sicherheitsdienst besorgten 2 reisige Knechte (64 Thl.); es gab 1 Torwächter (12 Thl.) und 1 Schließer (16 Thl.)·

Im Haushalt waren beschäftigt: 1 Koch oder Köchin (12 Thl.), 1 Küchenmagd (6 Thl.), 1 Waschmagd (7 Thl.).

[3] Vgl. S. 86 f.

Steigerung war nur möglich beim Laßbesitz und zwar vor allem bei den kurzfristigen Pachtverhältnissen: die Pächte vom Heideland, das gewohnheitsmäßig mit dem Bauerngute verbunden war, sind nicht erhöht worden.

Wir erfahren von solchen Steigerungen durch eigenhändige Nachträge Benno Friedrichs im Hausbuche von 1592; so lesen wir: „Das holßgeltt habe ich Ao 1624 gesteigen (!) um einen grossen, Müssen nu geben 6 g“. Die Mühle „im verlorenen Wasser“, von Benno Friedrich gegründet, war um 8 Wspl. Roggen ausgetan gewesen, seit 1610 mußte sie 9 Wspl. geben.

Die verpachteten „Belziger Hufen“ [1] hatten geliefert jede 1 fl. 6 gr., dazu (?) 27 gr. „anstatt des Schocks Langstroh“ [2]; seit 1597 (?) „schüttete“ jede der beiden Hufen 14 Schfl. Roggen, 14 Schfl. Gerste, 14 Schfl. Hafer; seit 1605 15 Schfl. Roggen, 16 Schfl. Gerste, 15 Schfl. Hafer; seit 1612 16 Schfl. Roggen, 16 Schfl. Gerste, 16 Schfl. Hafer.

Die beiden „Bergholzer Hufen“ hatten gegeben jede 15 gr. und 1 Gans; 1596 wurde abgemacht, daß von Martini 1597 bis Martini 1602 statt dessen jährlich 2 Schfl. Roggen und 3 Schfl. Hafer nach des Junkers Haus in Belzig gebracht werden sollten; 1605 wurde die Pacht für 6 Jahre auf 3 Schfl. Roggen und 5 Schfl. Hafer festgesetzt; der Junker behält sich vor, „ferner, wie Laßguther gewonheit, damitt zu thuen vnd zu lassen“.

Die Auskäufe von Mühlen verfolgten den gleichen Zweck; von der Reetzer Windmühle berichtet Benno Friedrich: „diesse Molle habe ich gekaufft Ao 1620. han inn [3] 700 fl. Bar geben vnd habe sih aufgeben Einem Moller vnndt gibet mier da von 5 w Lonn vnndt Mest mier Ein Schwein“. Der „Lohnmüller“ [4] gab mit seinen 5 Wispeln bedeutend mehr als der alte „Erbmüller“, dessen Leistung nur in 1 Wspl. Roggen und 6 Schfl. Steinmehl bestanden hatte; außerdem konnte der „Lohn“ jederzeit gehöht werden.

Bei dieser immer wachsenden Menge der Einkünfte kann es nicht wundernehmen, daß Benno Friedrich als Kapitalist weit und breit geschätzt wurde [5]; sein Reichtum brachte ihm die bisweilen sehr kostspielige Ehre ein, von seinen Lehnsherren, z. B. von dem Kurfürsten Johann Sigismund von

---

[1] s. S. 72.

[2] Also jede Hufe 2 × 1 fl. 6 gr.? Die Aufzeichnung ist nicht ganz klar.

[3] D. h. . . „habe ihm“, nämlich dem Müller.

[4] D. h. Pachtmüller; andere Mühlen standen in direkter Verwaltung der Herrschaft, so die eine der beiden Wassermühlen in Wiesenburg, die für den Bedarf der Haushaltung zu sorgen hatte; auf diesen Mühlen wurde ein „Kostmüller“ gehalten.

[5] Hierzu vgl. Chron. 35 ff.

Brandenburg, um Bürgschaft für Schulden angegangen zu werden.

Benno Friedrich hinterließ, trotzdem er an seinem Lebensende verschiedentliche Verluste erlitten hatte, im Jahre 1625 an barem Gelde und ausstehenden Schulden nicht weniger als 125 858 fl. 16 gr.

2. Vom Dreißigjährigen Kriege bis 1800.

a) Die Erbteilungen von 1627 ff.

Benno Friedrich „der Reiche“ starb am Weihnachtsmorgen des Jahres 1625, gerade zur rechten Zeit, um nicht die Zerstörung alles dessen, was seine Väter in mühsamer Arbeit aufgebaut hatten, an dessen Vermehrung er mit Eifer tätig gewesen war, erleben zu müssen.

Erst über ein Jahr nach seinem Tode kam zu Wittenberg vor kufürstlichen Kommissaren der Erbvergleich zustande; die Witwe und die 15 Töchter wurden abgefunden, die Lehngüter unter Belehnung zu gesamter Hand zwischen den 3 Söhnen erster Ehe einerseits und den 3 Söhnen zweiter Ehe andererseits geteilt; durchs Los fiel den Söhnen erster Ehe der „Wiesenburger Anteil“, den Söhnen zweiter Ehe der „Belziger Anteil“ zu; sie teilten dann unter sich weiter.

Welche Vorwerke, Dörfer und Nutzungen zu den einzelnen Teilen gehörten, interessiert uns hier nicht, zumal die Verhältnisse durch spätere Teilungen immer und immer wieder verschoben wurden; die Chronik gibt über jede Teilung genaue Auskunft.

Durch die fortschreitende Zersplitterung wurden schließlich auch die einzelnen Dörfer auseinandergerissen und verschiedenen „Herrschaften“ angegliedert; es kam wohl vor, daß eine Linie dem jungen Sprossen der anderen einen Bauern „als Patengeschenk einband“.

Die Heide, die ursprünglich in gemeinsamem Besitz geblieben war, wurde später gleichfalls geteilt.

b) Der Dreißigjährige Krieg und seine Folgen.

Nach der Schlacht an der Dessauer Elbbrücke (1626) begannen für die Herrschaft Wiesenburg die Leiden des Krieges. Nach wenigen Jahren schon war die Blüte des Hauses Brandt von Lindau vernichtet: 1630 mußten die vor kurzem gekauften[1] Güter Hohen- und Lüttgenziatz wiederkäuflich veräußert werden, da „es sich befunden, das die von

[1] s. S. 45.

Brandt zur Wiesenburgk wegen Ihrer Ertzstiftischen Magdeburgischenn Lehengutter Hohen und Kleinen Ziatz, wie hoch sie sich auch daruber angenommen, zur angelegten Gelt Contribution bey diesen schweren nothleidenden Zeiten nicht gelangen mögenn" [1]. Weit schärfer drückt sich die kaiserliche Ratifikation des Wiederkaufsrezesses aus [2]: „Wegen der zur Vnderhaltung Vnserer Khays. Armada angelegter allgemeinen, von Ihnen Brändischen aber auß gefährlichem Fürsaz vnd dannoch vnabgestatteter Krieges contribution" werden die beiden Güter konfisziert. Der Anspruch auf die geschuldeten 7000 Rthl. war auf Umwegen an den „Herrn Stephan Rathmüller von der Rathmühle Rom. Kay. May. des Jerichow vnd Jütterbockischenn Crayses commendirenden Haubtmann" gelangt, der für diese Summe die beiden Güter auf 9 Jahre wiederkäuflich übernahm; die „Vorwerke" konnten damals, das geht aus den Bestimmungen des Vertrages hervor, nicht „genossen" werden, lagen also wüst.

Dies war der Auftakt zu den Drangsalen, die 2 Jahrzehnte hindurch auf Herrschaft und Untertanen einstürmen sollten [3]. Im Jahre 1634, wohl nach der Schlacht bei Nördlingen, fand in Wiesenburg eine militärische Exekution statt, durch die dem Besitzer Wolf Dietrich, einem Sohne Benno Friedrichs, 1533 Thl. abgepreßt wurden. Am 17. Januar 1636 lagen 3 Regimenter in Wiesenburg und plünderten die Einwohner gänzlich aus. Eine „Sualva garda", die man ein Vierteljahr lang hielt, scheint nicht viel genützt zu haben. 1638 wird in bezug auf Schlamau, Steindorf und Schmerwitz von einem „gänzlichen Ruin, Aussterben der Dörfer, Wüsteliegen der Vorwerke" gesprochen; die Mühle in Schlamau, die von dort zu mahlen bekam, sollte deshalb statt der festgesetzten 3 Wspl. nur 1 Wspl. Pacht geben.

Wolf Dietrich selbst berichtet: „Anno 1636 ist der totale Ruin allhier und anderer Orten erfolget, alles ausgeplündert, die Wiesenburger Braupfanne samt denen dazu Gehörungen an Vorrath und Gefäße zerschlagen, auch ao. 1636 bis 1646, ehe das Armistitium aufgerichtet, sich Niemand zu hause dürfen sehen lassen, welches notorium, sondern bald nach Wittenberg, Brandenburg, Zerbst, auch oft in Büschen verstecken und an sichere Orter salviren müssen. Und da gleich ao. 1646 der Stillstand angegangen, man sich doch wegen der Ploquirung für Magdeburg noch nicht trauen dürfen und etwas anfangen dürfen wegen Abführung der Völker, weil die meisten Durchzüge auf uns zugegangen".

---

1 „Wiederkaufsrezeß und Vergleich" vom 19./9. April 1630 (L 16).

2 Or. vom 29. Okt. 1630 (L 17).

3 Für das Folgende vgl. Chron. 48 ff., welche die im Archiv zerstreuten Nachrichten zusammenstellt.

Das ausgesogene Land konnte natürlich nur ganz geringe Erträge liefern; außerdem waren die Amtspächte z. T. versetzt, so die Niemegkschen Pächte für 457 fl. 3 gr. an den Belziger Amtsschösser Nikolaus Fugmann („wegen der Präsentgelder")[1].

Über Rudolf, einen anderen Sohn Benno Friedrichs, der sich gelehrten Studien widmete, sagt sein Lehrer und Freund Professor August Büchner zu Wittenberg in einem Empfehlungsschreiben: „Er ist zwar geboren auf einem großen väterlichen Gute; er besitzt Grundstücke, Äcker, Wälder von nicht geringer Ausdehnung, aber all das hat das allgemeine Unglück dergestalt betroffen, daß es die Kosten zu seinen Studien nicht mehr hergeben kann".

Immerhin wurde der völlige finanzielle Zusammenbruch abgewandt; die riesigen Wälder werden, wie später im Siebenjährigen Kriege, eine starke Reserve gewesen sein[2].

Schlimmer erging es der Hagelberger Linie, die hier nicht lange vor ihrem Erlöschen noch einmal in unseren Gesichtskreis tritt[3]. Sie hatte schon vor dem Dreißigjährigen Kriege mit Geldverlegenheiten zu kämpfen gehabt und 1601 einen Teil der ihr gehörigen Amtspächte für 2160 Thl. an den Ratmann Michael Bluhme in Wittenberg veräußert („Bluhmische Pächte"); ihr mußten die Kriegsnöte den letzten Stoß geben: In den dreißiger Jahren geriet sie in Konkurs.

Grützdorf war 1632 von seinen Besitzern (der Linie Hagelberg-Grützdorf) verlassen; es befand sich nur eine Meierei dort. Hagelberg brannte 1630 ganz ab; die Herrschaft (Linie Hagelberg-Hagelberg) flüchtete nach Leetza und lebte dort von den Pächten, die 5 Hüfner und 3 Kossäten ihr zu leisten hatten; ihr letzter Sproß wohnte dort bis 1719 in sehr gedrückten Verhältnissen auf einem ausgekauften Kossätengut.

Die Besitzungen der Hagelberger Brände fallen damit an die Wiesenburger Linie, soweit sie ihr nicht schon vorher für Schulden waren überlassen worden; nur das ältere Burgmannengut, das vielleicht das erste Besitztum der Familie gewesen war[4], war im Konkurse verloren gegangen.

Die Güter Hagelberg und Grützdorf befanden sich in traurigem Zustande: Der Acker war gänzlich „verbuscht", die Gebäude zerfallen; die Kossätenstellen lagen sämtlich wüst.

Nicht viel besser stand es in dem alten Teile der Herrschaft. Einen Begriff von den Verheerungen des Krieges gibt uns ein „Inventarium", das Rudolf Brandt von Lindau

---

[1] Nach einer späteren Notiz Loc. C 2.

[2] s. S. 96.

[3] Chron. 89 ff.

[4] s. S. 44.

über seinen Anteil aufsetzen ließ, als er ihn 1651 an seinen Stiefbruder Wolf Dietrich verpachtete[1].

Das Schloß Wiesenburg, das Benno Friedrich stattlich ausgebaut hatte, ist vollkommen verwahrlost: Die Fenster sind ausgeschlagen, die Stufen der Treppen fehlen, das Dach ist offen, der Boden eingeweicht usw.; die Erker am Turm müssen „nach Aussage des Maurers weggerissen werden, item sind die Balken verfaulet und über und über das Dach böse“. Infolgedessen scheint die Herrschaft überhaupt nicht in Wiesenburg gewohnt zu haben, sondern auf dem Vorwerk Mahlsdorf bei Reetz (Eintragungen im Reetzer Kirchenbuch, Chron. 375). Ihre Unterkunft war eine bescheidene: Nach dem Inventarium besteht das Mahlsdorfer Wohnhaus aus einer Stube, 2 Kammern und einer Küche; der Hausboden ist „ungepohlet“ und „mit Stangen und etzlichen Brettern belegt“. Die Vorwerksfelder sind teilweise bewachsen. Noch schlimmer sah es auf der Schäferei Schmerwitz aus, von der das Inventarium bemerkt: „Ein wüstes Haus und Ruinen, die Felder sind ganz leer“.

Dasselbe Bild der Verwüstung bieten die Dörfer. In Wiesenburg sollen nach der Chronik[2] nur 5 Häuser übrig geblieben sein, ein Leineweber, ein Zimmermann, ein Töpfer, ein Schneider und ein Tagelöhner; an herrschaftlichen Häusern nur der alte Krug, die Schmiede, die Wohnung des Schützen, des Schäfers und des Ochsenhirten, sowie die Scharfrichterei.

Von Rudolfs Anteil an Reetz heißt es: „Die Windmühle ist nur theilweise noch gut. Im Dorfe sind 3 wüste Hüfnergüter, worauf weder Stock noch Stein; 4 Hüfnergüter sind noch in Stand, 2 Kossäthen noch bebaut, 5 dagegen wüste“.

In Schlamau ist „1 Hüfnergut bebaut, vom Schulzengericht ist das Wohnhaus weg, außerdem sind 4 wüste Hüfnerstellen; von Kossäthengütern sind 2 angebaut, 6 wüste, der Teich ist auch wüste“.

Am wenigsten widerstandsfähig hatten sich die Neudörfer gezeigt: Reppinichen war 1651 ganz untergegangen bis auf die Kirche; ebenso lag Werbig, wie wir aus einem Briefe seines Besitzers[3] wissen, ganz wüste.

c) Der zweite Wiederanbau.

Seit der furchtbaren Prüfung des Dreißigjährigen Krieges ist die Herrschaft von Kriegsunruhen lange Zeit verschont geblieben; eine Unterbrechung brachte nur der Anfang des 19. Jahrhunderts (Treffen bei Hagelberg am 27. August 1813). Aber die mittelbaren Wirkungen des Nordischen und ganz

[1] Chron. pass.
[2] S. 49.
[3] s. S. 83 f.

besonders des Siebenjährigen Krieges waren sehr hart; der letztere brachte die Herrschaft an den Rand des Verderbens; nur der schier unerschöpfliche Reichtum der Forsten scheint den völligen Zusammenbruch verhindert zu haben [1].

Wichtig für die Leistungsfähigkeit war es, daß die winzigen Teilherrschaften durch Aussterben ihrer Besitzer sich wieder zu größeren Komplexen zusammenschlossen. Der Teilungsrezeß von 1765 hat die Verhältnisse so hergestellt, wie sie in der Hauptsache heute noch sind.

Danach gehörte die eine Hälfte der Gesamtherrschaft, etwa 23 000 Morgen [2], den Nachkommen Benno Friedrichs (I.) aus erster Ehe; der Generalmajor Adam Friedrich Brandt von Lindau († 1754) vereinigte noch einmal diese Hälfte in seinem Besitz. 11 Jahre nach seinem Tode wurde sie unter seine beiden Schwiegersöhne bzw. deren Söhne geteilt [3]; so entstanden die Herrschaften

Wiesenburg-Wiesenburg oder Wiesenburg I. Anteils unter den Herren von Watzdorff mit etwa 11 500 Morgen,

Wiesenburg-Mahlsdorf oder Wiesenburg II. Anteils unter der Familie Trotta-Treyden mit etwa 6000 Morgen,

Wiesenburg-Glien oder Wiesenburg III. Anteils ebenfalls unter der Familie Trotta-Treyden mit etwa 5400 Morgen.

Die Nachkommen Benno Friedrichs aus zweiter Ehe, zuerst in Zerbst wohnhaft, hatten später Schmerwitz zum Mittelpunkt ihres Anteils erhoben; in dieser Linie hat sich der Name Brandt von Lindau bis heute erhalten:

Wiesenburg-Schmerwitz oder Wiesenburg IV. Anteils besaß 1850/51 22 000 Morgen.

Der Dreißigjährige Krieg hatte die Entwicklung der Herrschaft Wiesenburg um Jahrhunderte zurückgeworfen. Die Söhne Benno Friedrichs des Reichen standen vor einer ähnlichen Aufgabe wie einst ihr Vorfahr Friedrich bei der Erwerbung der Herrschaft; sie verdienen unsere Achtung durch die Energie, mit der sie an das schwere Unternehmen dieses zweiten „Retablissements" gingen.

In Betracht kommen vor allem der schon erwähnte Wolf Dietrich († 1678) und sein Sohn Benno Friedrich (II.) († 1718) auf Wiesenburg; Wolf Dietrichs Stiefbruder Jobst Christoph (aus zweiter Ehe, † 1702) begann erst nach längeren Reisen

---

[1] Anschaulich schildert die verzweifelte Lage der Herrschaft „Die Correspondenz des Oberhofrichters von Watzdorff mit dem Secretair Sittmann, die Bewirthschaftung der Güter Wiesenburg betr." von 1762 (C 12).

[2] Nach der Vermessung von 1850/51, Chron. 297.

[3] Der „General" hatte nämlich gegen den Widerspruch der anderen Linie die Allodifikation seines Anteils durchgesetzt; Erbbriefe vom 13. Dez. 1734 (nach der Vorrede zur Fideikommißurkunde von 1901; vgl. auch Chron. 116)

und Kriegsfahrten seine Tätigkeit; er wohnte in Klein-Glien. Die Vollendung des Werkes hat keiner von den Dreien erlebt; ein Jahrhundert sollte vergehen, ehe die Herrschaft Wiesenburg ihren alten Stand wieder erreicht hatte.

Wir sind über die zweite Hälfte des 17. Jahrhunderts leider nur mangelhaft unterrichtet; genauere Nachrichten erhalten wir erst um 1700, durch die Abschrift des „Belziger Amts-Außzuges" von 1696 für das Gesamtgebiet, durch den Teilungsrezeß über Jobst Christophs Nachlaß (1702) für dessen Anteil.

Wir wollen diese Zeugnisse unserer Betrachtung zugrunde legen und die erhaltenen Notizen aus früherer Zeit gelegentlich einflechten.

aa) Die Vorwerke (Güter).

Am schnellsten sind die Vorwerke wieder „gangbar" geworden. Der „Amts-Außzug" von 1696 nennt nicht nur die Vorwerke und Schäfereien von 1627 [1] und die Güter Hagelberg und Grützdorf (die damals als „bloße Schäfereien" von Klein-Glien aus genutzt wurden), sondern es sind bereits 2 neue Gründungen auf ehemaligen Wüstungen entstanden, nämlich Vorwerk und Schäferei Setzsteig und Schäferei Welsigke; Setzsteig verdankte seine Entstehung einem jüngeren Sohne Wolf Dietrichs, Heino Friedrich, der sich hier seine „Residenz" schuf [2]; Welsigke wurde von Jobst Christoph gegründet, der deshalb Streit mit seinem Bruder Wolf Dietrich bekam [3].

Am längsten hat die Schäferei Schmerwitz wüste gelegen; sie gehörte den Zerbster Bränden. 1692 pachtete sie Benno Friedrich auf Wiesenburg, der sie allmählich wieder in Stand setzte [4]; die Aussaat betrug im Jahre 1693 erst 1 Wspl. Roggen, 1 Wspl. Gerste und 1 Wspl. Hafer [5], also ca. 100 Morgen gegen etwa 350 im Jahre 1627.

Von Jobst Christophs Gütern gibt der Teilungs-Rezeß von 1702 Aussaat und Viehstand an; danach ist Tabelle IV zusammengestellt, in der das Gutsareal durch die gewohnte Umrechnung erschlossen ist [6].

Die Vorwerke, die wir kennen lernen, haben ihre alte Größe wieder erlangt oder sind gar schon darüber hinausgewachsen; wir können den Vergleich ziehen bei Hagelberg und Klein-Glien.

---

1 außer dem brandenburgischen Roßdorf.

2 Über diesen sonderbaren Charakter Chron. 72.

3 Die Gründung hatte (infolgedessen?) keinen Bestand, Welsigke wurde später „mit Hütten angebaut", vgl. S. 95.

4 Chron. 67.

5 Vgl. Tabelle IV und V.

6 Über die Art der Umrechnung vgl. S. 51 a. 4.

Hagelberg erntete nämlich im Jahre 1618[1] 20 Wspl. 2 Schfl. Roggen, 4 Wspl. 2 1/2 Schfl. Gerste, 9 Wspl. 12 Schfl. Hafer [und 18 Schfl. Wicken]; nach unserer Umrechnungsweise würden wir aus diesen Angaben auf etwa 400 Morgen Gutsareal zu schließen haben; genau auf dieselbe Zahl führt die Aussaat von 1702. Hagelberg, das noch 1667—1670 Jobst Christoph von dem (in Leetza wohnenden) letzten Sprossen der Hagelberger Linie für nur 20 fl. gepachtet hatte[2], war also auf seinem alten Stande wieder angekommen; Klein-Glien übertrifft ihn bereits erheblich. Die erste Hälfte des 18. Jahrhunderts bringt beiden sowie Grützdorf ein bedeutendes Wachstum.

Die Vorwerke in der eigentlichen Brandtsheide haben sich, nach den Angaben für Mahlsdorf und den heutigen Zahlen zu schließen, mit dem Erreichen des Zustandes, den sie vor dem Dreißigjährigen Kriege hatten, begnügt[3].

Die eifrige Rodetätigkeit in Wiesenburg, von der wir durch die Prozeßakten aus der Mitte des 18. Jahrhunderts wissen, richtete sich vor allem auf die Gewinnung neuer Wiesen[4].

Der landwirtschaftliche Betrieb auf den Vorwerken hat sich, wie überall[5], so auch in der Herrschaft Wiesenburg seit dem 16. Jahrhundert kaum geändert. Noch immer nutzte man sämtliche Äcker in 3 „Arten“ und hielt auf ordentliche Brache; nur Erbsen, Wicken und Rüben sollten ins Brachfeld gesät werden[6]. Nicht besser stand es um die Viehhaltung[7]; nur ein Zweig derselben, die Schafzucht, entwickelte sich im 18. Jahrhundert energisch vorwärts. So ging es, wie ein Blick auf die Tabelle IV zeigt, auch auf den Vorwerken der Herrschaft Wiesenburg.

Die herrschaftlichen Güter sind von den Frohndiensten unabhängiger geworden, denn trotz des starken Wachstums einzelner Vorwerke haben Diensteigerungen, wie wir unten sehen werden, im allgemeinen nicht stattgefunden, ja um die Mitte des 18. Jahrhunderts wurden die Spanndienste der Hüfner zum guten Teile in Geld verwandelt; man hielt demnach mehr „Hofegespann“ als früher, und zwar vor allem wohl Ochsen, die damals für rentabler galten[8]; Pferde werden erwähnt nur in Klein-Glien. Die Handarbeit wurde jetzt zum großen Teil durch Tagelöhner geleistet, die auf den Gütern

[1] Nach Chron. 400 Anm.

[2] Das etwa gleichgroße Gut Grützdorf brachte um 1700 bereits einen Reinertrag von 489 Thl. (Chron. 79).

[3] Vgl. Tabelle V.

[4] s. S. 91.

[5] v. d. Goltz I, 247 und sonst.

[6] Pachtkontrakte um 1750 (C 5).

[7] v. d. Goltz I, 249 ff.

[8] v. d. Goltz I, 271.

oder in nahen Dörfern mit der Verpflichtung, um einen bestimmten Lohn zu arbeiten, angesetzt waren[1] („Drescherleute").

In der Verwaltung der Güter trat im Laufe des 18. Jahrhunderts die wichtige Veränderung ein, die wir auch anderswo beobachten[2]: Die Besitzer bewirtschaften ihre Ländereien nicht mehr selbst, sondern verpachten sie. Die Verpachtungen des 17. Jahrhunderts waren anderer Natur gewesen; damals pachtete etwa Wolf Dietrich von seinem gelehrten Bruder Rudolf dessen Anteil an der Herrschaft oder Jobst Christoph von der in Leetza hausenden Hagelberger Linie das dicht bei Klein-Glien gelegene Hagelberg. Die Verpachtungen des 18. Jahrhunderts dagegen erfolgen an einen wirtschaftlich besonders qualifizierten Pächterstand; diese Unternehmer entstammten meist der Wiesenburger Bauern- oder Beamtenschaft. Das Pachtsystem wurde jedoch nie das allein herrschende; häufig kehrte man auf längere oder kürzere Zeit zur Administration zurück. Die älteste Verpachtung dieser Art, von der wir wissen, war die von Arensnest 1721—24.

Man rechnete mit einem ständigen Steigen des Pachtgeldes; Arensnest z. B., das 1721—24 350 Thl. jährlich brachte, wird 1752 für 400 Thl. vergeben. Allgemeine Unglücksfälle hatten natürlich einen Stillstand zur Folge; 1762 beklagte sich Sekretär Sittmann, das neue Pachtgebot für Mahlsdorf sei „sehr geringe, indem es mit dem jetzigen Locario beynahe gar nicht differiert, denn 1000 Rthl. Pacht und 20 p. Cent agio machen eben das alte"[3].

Es wurden bisweilen nicht nur die einzelnen Güter mit den zugehörigen Diensten, sondern ganze Herrschaften mit allen Nutzungen ausgetan; wir geben als Beispiel einen solchen Vertrag in seinen wesentlichen Zügen:

Am 15. Juni 1756 pachtete Karl Friedrich Rübe, „bisher gewesener Verwalter von Schmerwitz", dieses Gut mit Wiesewachs, Schäferei, Kuh-, Rind- und Schweinenutzung; dazu mit den Getreidepächten von Groß-Briesen, Werbig, Schlamau und Wendisch-Bork, mit Pachthühnern, Eiern und Fleischzehnten; mit Branntweinbrennerei und Verlag des Branntweins „im hiesigen ganzen Refiere"; dann die Schlamauische Woorth und die Fischerei daselbst, Taubenflucht, 15 Steine Flachs und 1 Schfl. Hanfkörner von Wendisch-Bork; außerdem die Pflug- und Handdienste von Schlamau und die Handdienste von Neuehütten, letztere gegen Reichung des Gewöhnlichen, die Hausmiete von den Drescherleuten zu Schmer-

---

[1] Vgl. S. 94 f.

[2] Darüber allgemein Wuttke 168, speziell Passow 135 ff. und Brinkmann 69.

[3] „Briefwechsel . ." cit. S. 79 a. 1.

witz und im Tiergarten und sämtliche Gärten zu Schmerwitz. Dazu hat der Pächter den Vogelfang in der Heide bei Schmerwitz und nach Groß-Glien zu. Er darf auf seine Kosten die Branntweinbrennerei von Schlamau nach Schmerwitz verlegen. Das Vieh soll gegen Inventar übergeben werden; Ackermeliorationen beim Pflügen, Düngen usw. werden nicht berechnet; Stroh und Heu darf nicht verkauft werden, sondern muß zur Fütterung und Düngung angewendet werden, der Vorrat bleibt beim Gute. Dagegen übernimmt die Herrschaft die Haftung für allgemeine Unglücksfälle und alle Reparaturen über 10 Thl.; sie liefert dem Pächter als Deputat 30 Stammklafter gegen Schlägerlohn und stellt ihm an Zwangsgesinde, „wenn dergleichen zu bekommen", 2 Knechte und 2 Mägde. Der Vertrag läuft 2 Jahre; das jährliche Pachtgeld beträgt 760 Thl.; der Pächter muß 400 Thl. „Vorstand" geben.

bb) Die Dörfer.

α) Allgemeines.

Während um 1700, soweit wir unterrichtet sind, das Gutsland seinen alten Bestand wieder erreicht hatte, haben die Dörfer erst in der Mitte des 18. Jahrhunderts die Schläge des Dreißigjährigen Krieges völlig überwunden; um 1700 liegt noch immer ein Teil der Stellen wüste.

Die Aufzeichnungen der Kirchenbücher aus den 70/80 er Jahren des 17. Jahrhunderts [1] zeigen, wie langsam der Wiederanbau vor sich ging. 1676 wurden im Kirchspiel Wiesenburg 5, im Kirchspiel Jeserig 6, im Kirchspiel Schlamau 3 Kinder geboren. 1683 sind im Schlamauer Kirchenbuche für Schlamau, Neuehütten und Arensnest zusammen 3 Geburten und 3 Todesfälle verzeichnet. In Reetz fanden 1685 5 Taufen, 8 Todesfälle und 1 Trauung statt.

Reppinichen war noch 1684 eine Wüstenei; es wohnten dort nur der alte Krüger Gresse und der Schäfer Hans Grelle; 1688 werden 2 Taufen vermerkt. Ganz wüst lag auch Werbig; über dieses Dorf schreibt Jobst Christoph 1675 [2]: „Und weil in 40 Jahren Nichts von solchem wüsten Ort genutzet werden können, hat sich keiner meiner Brüder [desselben] anmaßen wollen. Als wir aber geteilet (1651?), ist mir dieser Ort zugekommen, habe ich mir wiederum in Anbau zu bringen vorgenommen und zu dem Ende 3 Hüttlein bauen lassen, meinende wiederum Besitzer zu erlangen. Nun sich aber wegen der Wüstenei und verbuschter Äcker keine anfinden wollen, habe ich, damit die neuerbauten Häuslein ohne Wirt nicht wieder eingehen möchten, einen Pachtmann darauf

[1] Chron. pass.
[2] Chron. 407.

gesetzet". Der Anbau Werbigs muß nach diesem mißglückten Versuche doch immerhin ziemlich rasch gelungen sein, denn bei Jobst Christophs Tode (1702) hatte das Dorf 12 Hüfner, 8 Kossäten und einen „kleinen" (neuen[1]) Kossäten; nur 3 kleine Kossäten lagen noch wüst[2].

Über die Zahl der wüsten Stellen in dem sächsischen Teile der Herrschaft orientiert uns das Steuerschockkataster im „Belziger Amts-Außzug" von 1696[3]; da nichts anderes bemerkt, so müssen wir annehmen, daß das Kataster den Zustand dieses Jahres wiedergeben will. Allerdings ist das Bild wohl zu schwarz; man suchte wieder „gangbar" gewordene Stellen der Steuer möglichst lange zu entziehen, wie es die späteren „Steueruntersuchungen" deutlich zeigen.

In der Brandtsheide, der ehemaligen Vogtei Wiesenburg, und dem Dorfe Groß-Briesen waren von

171 Mann
71 bewohnt
und 100 „caduc" (wüste);

dagegen war von den Hufen der größte Teil „gangbar"; es wurden nämlich, wie auch aus anderen Schriftstücken erhellt, wüste Güter von bewohnten aus mitbewirtschaftet:

Von 172 Hufen waren
154 „gangbar"
und nur 18 „caduc".

Die Dörfer insgesamt — die Vorwerke blieben als Ritterland aus der Besteuerung — waren veranlagt zu

3343 β; davon wurden geführt
1797 ½ β als „gangbar"
596 ¾ β als „decrement"[4]
949 β als „caduc".

Die wüsten Stellen verteilen sich nicht gleichmäßig auf die einzelnen Dörfer.

Das Städtlein Wiesenburg lag noch sehr darnieder; von

47 Mann waren
10 bewohnt
und 37 caduc.

Viel besser hatte sich Reetz erholt; der Wiederanbau scheint hier am frühesten begonnen zu haben, wenigstens finden sich unter Reetz bei nachgetragenen Besitzernamen im Hausbuch von 1592 nicht selten Bemerkungen wie: „hat 1651

---

[1] Vgl. S. 69.

[2] Wir möchten nicht versäumen, auf die Parallele zwischen der geringen Widerstandskraft der auf wüsten Marken neugegründeten Dörfer und dem Wüstwerden der ersten Siedlungen während des 14. und 15. Jahrhunderts hinzuweisen.

[3] Über die „Landsteuer" vgl. Wuttke 63.

[4] „Abnahme", infolge von Remissionen?

angenommen", „hat Lichtmeß 1652 angenommen" u. ä., die sonst fast nie vorkommen; so hat denn Reetz im Jahre 1696 unter

29 Stellen
23 bewohnte
und nur 6 wüste.

In Jeserig waren von

17 Mann
9 Mann bewohnt
und 8 Mann caduc;

in Schlamau von

15 Mann
8 Mann bewohnt
und 7 Mann caduc,

dazu wohnte 1 Mann auf der Wassermühle.

Medewitz hatte

12 Stellen, davon
5 bewohnt
und 7 caduc;

Groß-Briesen

20 Stellen, darunter
10 bewohnt
und 10 caduc;

Reppinichen endlich

29 Stellen, davon nur
4 bewohnt
und 25 caduc.

Von den „amtsässigen Rittergütern" Klein-Glien, Hagelberg und Grützdorf, die insgesamt zu 394 β veranlagt waren, wovon jedoch nur die Kl.-Gliener Kossäten 190 β entrichteten, war „nur das erste angebauet, auf denen andern Beyden aber noch zur Zeith bloße Schäffereyen zu befinden".

In Kl.-Glien waren 10 Mann bewohnt,
in Hagelberg lagen 9 Mann,
in Grützdorf 7 Mann wüste.

Es war also im 18. Jahrhundert noch viel Arbeit zu leisten. Wir können den Wiederanbau von 1696 an nicht mehr für die ganze Herrschaft verfolgen; das Belziger Amtsbuch von diesem Jahre nämlich ist das letzte Schriftstück, das uns den Überblick über das gesamte Gebiet gestattet; wir müssen uns von nun an in der Hauptsache auf die jeweilig zu Wiesenburg-Wiesenburg gehörenden Dörfer beschränken.

Für diese haben wir aus der Mitte des 18. Jahrhunderts wieder genaue Zahlen [1].

---

[1] Über die Quellen vgl. S. 41 f.

Der Schaden, den der große Krieg angerichtet hatte, ist jetzt, nach einem vollen Jahrhundert, endlich ausgeglichen; die Hüfner- und Kossätenstellen sind fast alle wieder besetzt; ihre Zahl bleibt seither fest.

Nur das schwer getroffene Reppinichen hat sich noch immer nicht erholen können; von 16 Hüfnerstellen liegt noch die Hälfte wüst, von 13 Kossätenstellen sind 5 unbewohnt und werden von bewohnten Stellen aus genutzt.

In Hagelberg ist es gelungen, von den 9 wüsten Kossätenstellen wenigstens 7 wieder zu besetzen; gescheitert dagegen ist der Wiederanbau von Grützdorf, trotzdem man sich Mühe gegeben hatte, Annehmer zu bekommen; Grützdorf ist heute ein mit Hagelberg verbundenes Vorwerk (im modernen Sinne).

β) Abgaben.

Es ist eine neue Bevölkerung, die jetzt die Herrschaft Wiesenburg bewohnt; von den alten charakteristischen Namen ist keiner geblieben; nur die häufigen Namen Schulze, Thiele, Krüger usw. haben sich gehalten. Hatte diese neue Bevölkerung dieselben Pflichten und Rechte, wie die des 16. Jahrhunderts? Wir haben diese Frage im ganzen mit „Ja" zu beantworten.

Für die Abgaben besitzen wir genaue Aufstellungen in den „Nachrichten, zum Erbregister oder Hausbuch des hochadligen Hauses Wiesenburg gehörig, derer Unterthanen Grundstücken und die davon zu entrichtenden Dienste, Pächte und Zinsen betr., examinirt mit dem Hausbuche de ao. 1592, anschlagen, Kauf Briefen und Quittungsbüchern in anno 1753" (Loc. W 3), allerdings nur über die Dörfer Wiesenburg und Jeserig.

Die Grundlage für die Pertinenzien und Abgaben der Güter bildet nach wie vor das Hausbuch von 1592, und gewiß haben dessen genaue Angaben wesentlich dazu beigetragen, die alten Verhältnisse zu bewahren[1]; der Vergleich ergab, daß 1753 zu den einzelnen Gütern noch immer dieselben Grundstücke gehörten und von ihnen dieselben Abgaben geleistet wurden[2].

Bisweilen „ermangeln im Anschlage" (von 1753) etwa 2 Wiesenhühner, 1 Schfl. Roggen oder ähnliches; übersteigen die Abgaben nach dem Anschlage die von 1592, so ist „zu untersuchen, was für Stücken zu diesem hof geschlagen worden"; das beweist, daß die Abgaben vom bestimmten Grundstück unverändert geblieben sind.

---

[1] Nach den Prozeßakten besaß auch die Gemeinde Wiesenburg eine Abschrift des Hausbuches.

[2] In den Protokollen der Wiesenburger Steueruntersuchung 1766 ff. wird allerdings häufig über die Entziehung einzelner Pertinenzstücke geklagt.

In der „Recapitulatio recapitulationum“ über Jeserig werden die Gesamtzahlen angegeben.

Die 7 Hüfner sollten leisten

156 Rthl. 12 gr. 6 ₰,

sie leisteten nach Anschlag

143 Rthl. 13 gr. 6 ₰;

es fehlten Abgaben im Betrage von

13 Rthl. 6 gr. — ₰,

dagegen waren neu hinzugekommen

— Rthl. 7 gr. — ₰;

sie leisteten also im ganzen zu wenig

12 Rthl. 23 gr. — ₰.

Die Kossäten sollten geben

62 Rthl. 10 gr. — ₰,

sie gaben

58 Rthl. — gr. — ₰;

es waren weggefallen

5 Rthl. 8 gr. 6 ₰,

es waren hinzugekommen

— Rthl. 22 gr. 6 ₰;

sie gaben also im ganzen zu wenig

4 Rthl. 10 gr. — ₰.

Über die einzelnen Reallasten haben wir bereits im ersten Teil gesprochen. Nicht in die vorstehende Aufstellung einbegriffen ist das „Holzgeld“, das von der Herrschaft in Widerspruch zu ihren Untertanen als ein veränderlicher „Mietzins“ aufgefaßt wurde; es war inzwischen von 6 gr. auf 12 gr. erhöht worden und ist in dieser Höhe (15 Sgr.; 1,50 ℳ) abgelöst worden.

γ) Besitzrecht.

Auch das Besitzrecht an den Gütern ist nach den „Nachrichten zum Erbregister“ noch immer das alte: Erbrecht an Haus, Hof und Hufenschlag, Laßrecht am Heidelande [1]; aber in Wirklichkeit war bereits eine Änderung eingetreten, gegen die die Herrschaft sich vergebens sträubte: Das gewohnheitsmäßig erbliche Laßrecht am Heidelande hatte sich in Erbrecht verwandelt.

Wir erfahren aus den Protokollen der Steueruntersuchung von 1766 ff., daß Wiesenburger Kossäten die Kaufbriefe, in denen ihr Gut (das doch nur aus Heideland bestand) als Laßgut angesprochen wurde, zurückwiesen; im 19. Jahrhundert ist ihr Erbrecht unbestritten.

[1] Dieser Name ist im 18. Jahrhundert nicht mehr gebräuchlich.

Die Untertanen haben also ihren Anspruch gegen die Herrschaft durchgesetzt, sicher aber nicht aus eigener Kraft; hinter ihnen stand die Regierung.

Die Entwicklung in Sachsen (und Anhalt) ging schon seit dem 14./15. Jahrhundert auf Beseitigung des prekären Besitzrechtes, auch an den Beistücken, z. B. wüsten Marken[1]; seit dem 16. Jahrhundert arbeiteten die Regierungen bewußt darauf hin[2]. Der Dreißigjährige Krieg hatte das Erblichwerden der Laßgüter eher gefördert als gehemmt, da für Laßgüter keine Anbauer zu bekommen waren[3]. Besonderes Interesse an der Vererblichung hatten die Steuerbehörden, da das Laßgut (d. h. Pachtgut!) als Ritterland steuerfrei geblieben wäre; in den Protokollen der Steueruntersuchung tritt das deutlich hervor: Dem Wiesenburger Kossätenlande war der Stempel der Erblichkeit dadurch aufgedrückt worden, daß sie von ihrem Heidelande „nach 10 Hufen das Magazin Getreide abzuentschütten" hatten[4].

δ) Dienste.

Die gutsherrlichen Abgaben waren im wesentlichen die gleichen geblieben; wie steht es aber hinsichtlich der Dienste? Die Quellen aus der Mitte des 18. Jahrhunderts geben uns, im Gegensatz zu den Hausbüchern, genaue Spezifikationen der Dienste.

Auf öffentlich-rechtliche Verpflichtungen gingen folgende Leistungen zurück:

Jagddienste, so oft die Herrschaft jagt;

Baudienste bei den herrschaftlichen Bauten;

Schloßwachdienste, „so oft die Tour an den einzelnen kommt";

vom „Botschaftlaufen" waren die Hüfner befreit, die übrigen Untertanen liefen Botschaft, „so oft die Reihe herumkam", für „kleine Reisen" unter 1 Meile ohne Entschädigung, für „lange Reisen" gegen 1 Groschen für die Meile.

Alle diese Dienste werden schon 1592 bestanden haben, auch wenn sie nicht ausdrücklich erwähnt werden; sie sind durch keine feste Bestimmung gegen Steigerung gesichert, und tatsächlich sind sie, wie uns die Prozeßakten beweisen, nicht unbedeutend erhöht worden[5].

Zahlenmäßig feststellen können wir eine Steigerung beim Spinndienste; statt des einen Stückes Garn von 1592 muß

---

[1] Schulze 219.

[2] Kraaz 121 ff.

[3] Kraaz 132.

[4] Über die Steuern im Kurfürstentum Sachsen vgl. Falke, Johannes: „Die Steuerbewilligungen der Landstände im Kürfürstentum Sachsen bis zum Anfang des 17. Jahrhunderts" (Zeitschr. f. d. gesamte Staatswissenschaft 30/31) und Wuttke 63 ff.

[5] Vgl. S. 91 ff.

jede Stelle jetzt aus 1 Pfund Flachs 4 Stück Garn (zu 20 Gebind zu 40 Faden) oder 8 Stück Werggarn „aufspinnen“; an die Stelle des einen Pfundes Flachs konnten auch 3 Pfund „klein Werk“ oder 4 Pfund „grob Werk“ treten. Vermutlich erst nach dem Dreißigjährigen Kriege aufgekommen ist der Gesindezwangsdienst; wir hören von ihm nur aus den Prozeßakten.

Kurfürst August führte ihn seit 1568 auf den kurfürstlichen Domänen ein[1]. Der Ritterschaft gelang es vor dem Dreißigjährigen Kriege nicht, ihren Anspruch auf die Arbeitskraft der Untertanenkinder zur Anerkennung zu bringen[2]; erst die „Gesinde-, Tagelöhner- und Handwerksordnung“ vom 24. Mai 1651 gab dem Gutsherrn das Recht der Vormiete auf 2 Jahre um den gesetzlichen Lohn: aus der Vormiete entwickelte sich im Laufe der Zeit der Dienstzwang, d. h. auch Kinder, die im Hause der Eltern bleiben oder ein Handwerk lernen wollten, mußten dienen; die Dienstzeit wurde verlängert.

In der Herrschaft Wiesenburg verlangte man 3 Jahre Zwangsdienst bzw. 18 Thl. zur Befreiung für einen Sohn, 12 Thl. für eine Tochter[4].

Die brandenburgischen Dörfer Neu-Werbig und Boßdorf waren vom Zwangsdienst befreit, „weil sie sich beim Könige beschwert“ hatten.

Im Gegensatz zu den eben besprochenen Verpflichtungen sind die Wirtschaftsdienste der Hüfner und Kossäten jetzt normiert; von einer unbedeutenden Ausnahme (Hagelberger Kossäten) abgesehen, sind sie bis zur Ablösung nicht gesteigert worden. Wir können wohl annehmen, daß es im großen und ganzen die Leistungen sind, die den Untertanen 1575 und 1592 tatsächlich oblagen. Die Frohnen sind verhältnismäßig leicht: die Hüfner tun 2 Tage Spanndienst, die Kossäten 2 Tage Handdienst in der Woche[5]; für die Klein-Gliener und Hagelberger Kossäten beträgt die Zahl der Diensttage nur von Johanni bis Michaelis zwei, sonst einen Tag wöchentlich[6].

Wir erinnern uns, daß die Kossäten vor dem Dreißigjährigen Kriege von bestimmten Stücken einige Tage Pflugdienst leisteten; diese Verpflichtung besteht im allgemeinen unverändert fort, nur scheint sie jetzt als Reallast auf dem gesamten Gute zu ruhen. In Klein-Glien, wo wir ihre Zahlen

[1] Wuttke 42.
[2] Wuttke 46 ff.
[3] Wuttke 82 ff.
[4] Vgl. hierzu S. 92.
[5] In Hohenfinow dienten die Hüfner 3, in der Heuernte $4^1/_2$ Tg., in der Kornernte die ganze Woche mit dem Gespann; die Kossäten 5 Tage, in der Ernte die ganze Woche mit der Hand. Passow 119 ff.
[6] In Hagelberg wurde (nach den Ablösungsrezessen) im 19. Jahrh. bereits 14 Tage vor und noch 14 Tage nach diesen Fristen 2 Tage gedient.

aus dem Jahre 1595/96 kennen[1], haben sich die Pflugtage jetzt einheitlich auf 3 Tage im Frühjahr und 3 Tage im Herbst festgestellt. Bei den übrigen Ortschaften geben uns die Hausbücher keine Zahlen; Versuche zur Steigerung scheinen stattgefunden zu haben, wenigstens schwebte 1766 zwischen der Herrschaft und den Wiesenburger Kossäten ein Prozeß wegen der „angesonnenen 18 Pflugtage“ („zu welcher Jahreszeit es verlanget wird“).

Weggefallen ist ganz allgemein die Beköstigung der frohnenden Hüfner und Kossäten.

Eine Besserung in der Lage der Untertanen können wir bei den Wiesenburger Kossäten feststellen: 1575/92 mußten sie, die „Unfreien“, im Gegensatz zu den „Freien“ in der Ernte alle Tage mit der Harke dienen; von dieser Verpflichtung ist im 18. Jahrhundert nicht mehr die Rede (möglich, daß statt dessen Pflugtage geleistet wurden!).

Der Wirtschaftsdienst wird aber in der Mitte des 18. Jahrhunderts nicht mehr durchweg in natura verlangt, sondern ist z. T. bereits in Geldzahlung verwandelt, so sicher der Spanndienst in Jeserig und Reppinichen, vielleicht auch in Reetz. Mit der Möglichkeit dieser Umwandlung rechnete man auch sonst, denn überall werden die Dienste, selbst wenn sie noch in natura zu leisten waren, in Geld angeschlagen.

In Reetz wurden die Dienste der 5 „Lehnbauern“ auf 25 bzw. 24 Thl. jährlich eingeschätzt, die der gewöhnlichen Hüfner auf 20 Thl.; die Jeseriger Hüfner gaben 16 Thl. „Dienstgeld“; gleich hoch sind die Dienste der Hüfner in Reppinichen veranschlagt, tatsächlich gaben sie, da das Dorf noch sehr darniederlag[2], nur 10 Thl.

An eine Umwandlung der Kossätendienste scheint man um 1750 noch nicht gedacht zu haben, denn bei ihnen findet sich kein Anschlag außer in Reppinichen: hier dienten die Kossäten, die zwei Höfe hatten[2], nur von ihrem Haupthofe, vom wüsten Hofe gaben sie Dienstgeld und zwar nach Anschlag 8 Rthl. jährlich, tatsächlich aber nur 5 Rthl. 1762[3] findet sich die Notiz, daß die Reetzer Kossäten neuerdings auf Dienstgeld gesetzt seien.

Die wirtschaftlichen Dienste der Hüfner und Kossäten haben, wie wir sahen, eine nennenswerte Steigerung im Laufe des 18. Jahrhunderts nicht erfahren, ja die rechtliche Lage war durch den Verzicht der Herrschaft auf den theoretischen Anspruch auf Ungemessenheit der Dienste sicherer geworden; anders stand es bei der Klasse, die durch ihren Namen den Rang einer bevorzugten in Anspruch nahm.

---

[1] S. 65.
[2] Vgl. S. 86.
[3] „Correspondenz“ cit. S. 79 a. 1.

Die „Freien“ in Wiesenburg hatten um 1750 folgende Verpflichtungen:

1. Die herrschaftlichen Wiesen reinigen,
2. Alles Heu und Grummet einernten helfen und das Korn auf dem „Gerotte“ harken,
3. Auf den herrschaftlichen Böden Korn schippen und wegmessen,
4. Den Schloßhof und den Damm vor dem Schlosse kehren.

Die Lage der Freien war also prekär, sie hatten keine bestimmte Zahl der Diensttage; mit dem Wachsen des Wiesenlandes[1] und der Erwerbung der gesamten Brändischen „Amtspächte“ durch den General Adam Friedrich stiegen ihre Frohnen ganz beträchtlich.

Gegen die neuen Lasten suchten sie sich, anscheinend ohne Erfolg, durch Anrufung des Hofgerichts in Wittenberg zu wehren; ein solcher Prozeß fand 1754 statt[2]. Die Klagepunkte beginnen:

„Werden wir 24 Häußler die Freyen genannt und müßen gleich wohl alle Tage Jahr aus und Jahr ein zu Hofe dienen, ohngeachtet wir nichts weiter als ein schlechtes Hüttgen und mancher einen geringen Garten Platz von wenig Schritten dabei besitzen, dahin gegen die Cossäthen und Hüfner wöchentlich nur 2 Tage Dienste thun.“ Sonst haben sie nur 1/4 Jahr von Johanni bis Michaelis alle Tage dienen müssen, aber es ist nach und nach so weit gekommen, daß sie „Jahr aus, Jahr ein mit dergleichen Onere beleget werden“.

Diese Steigerung kommt vor allem daher, daß „seit 20 Jahren viel Puschwerk ausgerottet und 20 mahl mehr Wiesen als ehedem gewesen, gemacht worden“. „Vor 20, 30 und 40 Jahren“ dauerte die Heuernte nur 8—14 Tage, das Gesinde hat dabei geholfen, es wurde Essen und Trinken gereicht.

Auf dem Gerodde, das Wiesewachs gewesen war und jetzt erweitert und zu Ackerland gemacht worden ist, müssen sie Getreide harken.

Ein weiteres „Ungebührniß“ ist, daß früher nur „kurze Reisen“ bis zu 2 Meilen gegen Bezahlung verlangt wurden, während jetzt „lange Reisen“ bis zu 4 Meilen von allen Untertanen geleistet werden müssen und zwar ohne Bezahlung; die Herrschaft mißbraucht diese Reisen, z. B. nach Hefe oder 1 Elle Kattun 3—4 Meilen weit, so daß die Reihe jetzt alle 3 Wochen an den einzelnen kommt; sie hat dabei auch Lasten mit Schiebekarren und Tragekörben fortschaffen lassen.

Dabei werden „die Hofedienste vbergestalt sauer gemacht,

---

[1] s. S. 81.

[2] „Acta Privata in sachen der Freyen zu Wiesenburg Gottfried Schwartzen und Consorten“ vom 11. Sept. 1754 (U 7).

so daß aus einem Hause der Wirth früh um 4 Uhr Korn schippen, des Tages Heu machen und des Nachts Bothschaft lauffen müssen".

Ganz neu eingeführt ist der Gesindezwangdienst für die Kinder der Wiesenburger Handwerker[1]; mit den Handwerkerkindern, die „die Bauerarbeit nicht verstehen", wird „so indiscret umgegangen, daß sie mehr als Leibeigene strapaziret werden". Die Tochter des Schusters Philipp hat sich durch die ungewohnte Arbeit einen „schmertzhaften Schaden zugezogen" (worüber chirurgisches Attest); trotzdem ist sie nicht befreit worden, „sondern sol sich das arme Mädgen schier zum Krüpel arbeiten"; der Pächter Erdmann Thiele, „seiner Profession nach ein Cossäthe von Reetz, gibt zu diesen exorbitanten Dingen Gelegenheit".

Seit wenigen Jahren ist außerdem eingeführt, daß, wenn alte Wirte ihre Wirtschaft niederlegen, ihre Weiber, sie seien Ehefrauen oder Witwen, jährlich 12 Tage (sogenannte „Schutztage") Fröhndienste tun müssen[2]; es kommt vor, daß alte Frauen auf dem Schloßhofe das Gras zwischen den Steinen mit ihren Händen ausrupfen müssen; wenn die alten Weiber nicht mehr fortkönnen, so müssen die Wirte die Dienste für sie tun; Martin Pauls Witwe ist die erste gewesen, die vor 20 Jahren diesen Dienst hat leisten müssen.

Zu all diesen neuen Frohnen sind die Freien durch Gefängnis, Geldstrafen usw. gezwungen worden; sie haben dagegen „gemurrt und mit Seufzen solche gethan".

Interessant ist, wie das Aufkommen der neuen Lasten erklärt wird: Vor 40 Jahren sei Wiesenburg noch gänzlich wüst gewesen[3]; den Annehmern seien die neuen Dienste aufgebürdet worden.

Wenn wir auch bedenken müssen, daß wir es in dem vorliegenden Aktenstück mit einer Klageschrift zu tun haben, die nicht immer objektiv ist, so kann das eine doch keinem Zweifel unterliegen, daß die in anderen Gegenden beobachtete Folge des Dreißigjährigen Krieges, die Steigerung der Dienste, bei den Wiesenburger „Freien" wirklich eingetreten ist.

Weshalb aber nur bei dieser Bevölkerungsklasse und nicht bei den anderen? Die Antwort wird lauten müssen: Solange das Angebot wüster Stellen die Nachfrage überstieg, konnte von neuen Forderungen seitens der Herrschaft nicht die Rede sein, denn in den benachbarten Ämtern standen den Anbauern Güter genug unter günstigen Bedingungen zur Vorfügung; Hüfner und Kossäten wurden deshalb gewohnheitsmäßig, auch später noch (Reppinichen!), zum alten Recht an-

---

[1] Vgl. S. 89.
[2] Es handelt sich wohl nur um die freien Stellen in Wiesenburg.
[3] Vgl. S. 84.

gesetzt. Die Handwerker, die, wie das lange Wüsteliegen von Wiesenburg beweist, zuletzt anbauten — sie konnten ihr Brot erst finden, wenn sie Abnehmer für ihre Erzeugnisse hatten — konnten sich auf kein gewohnheitsmäßiges Ansetzungsrecht berufen; ihre Armut, ihre mangelnde Organisation mochten sie ebenfalls weniger widerstandsfähig machen als die landbesitzenden Hüfner- und Kossätengemeinden.

Immerhin sehen wir die Freien — ihre Zahl stellt sich jetzt auf 24 fest, die in den Ablösungsrezessen „Altbüdner" genannt werden — allesamt im erblichen Besitz ihrer Stellen [1].

ε) Grundgerechtigkeiten, Hutung.

Schon im ersten Abschnitt haben wir darauf hingewiesen, daß den Leistungen der Untertanen beträchtliche Gerechtigkeiten auf herrschaftlichem Grund und Boden gegenüberstanden.

Für das freie Feuerholz, das sie aus der Heide holen durften, zahlten die Untertanen das Holzgeld (12 gr.), das sicherlich keine volle Entschädigung darstellte; denn die Wiesenburger Kossäten z. B. durften wöchentlich 2 Tage „mit Wagen und Axt" in den Wald, während die Freien sogar täglich Holz holen durften.

Dazu kam die Weideservitut in der gesamten Brandtsheide mit unbeschränkter Viehzahl und das Recht auf Waldstreu in den Forsten der Teilherrschaft, welcher der Untertan angehörte, und einige andere weniger bedeutende Grundgerechtigkeiten, von denen wir in den Ablösungsrezessen hören, wie Beeren- und Pilzesammeln, Lehm- und Steineholen u. a. m.[2].

Der Wert der Grundgerechtigkeiten erreichte bisweilen den der Reallasten; bei der Ablösung der Wiesenburger Kossäten [3] wurden die Servituten mit 12 Rthl. 11 Sgr. 8 Pfg. gegen die Reallasten aufgerechnet; in einem Falle deckte sich der Wert der Lasten mit dem der Gerechtigkeiten, in anderen Fällen betrug der Mehrwert der Reallasten 2—6 Rthl.

Herrschafts- und Bauernacker unterlagen ursprünglich gegenseitiger Hutung, desgleichen die Wiesen; als aber mit der Vermehrung der herrschaftlichen Schafherden [4] Hutung und Trift an Wert gewannen [5], suchte man auch in Wiesenburg das Weiderecht der Untertanen auf dem Ritterlande abzubringen, was allerdings nicht vollkommen gelang. Den Wiesenburger Einwohnern verbot man das Halten von Schafen und Gänsen überhaupt [6], nachdem die Wiesenburger Schäferei

[1] Vgl. S. 60.
[2] s. S. 102.
[3] s. S. 102 f.
[4] Vgl. S. 81.
[5] Vgl. Wuttke 168 ff., besonders 177 über die Ursachen des sächsischen Bauernaufstandes von 1790.
[6] Nach F 4 (1766), vgl. S. 97 f.

von 1100 auf 1600 Stück gebracht worden war. Die Untertanen dagegen suchten jede Erweiterung des Gutslandes, etwa durch Roden, zu verhindern.

Die Folge dieser Streitigkeiten waren die endlosen Prozesse des 18. Jahrhunderts.

cc) Die neuen Bevölkerungsklassen.

Neben den alten Bevölkerungsklassen treten nach dem Dreißigjährigen Kriege die neuen der Büdner und Häusler auf.

Vor dem Dreißigjährigen Kriege hatte in der Hauptsache nur Wiesenburg in seinen „Freien" eine besondere Institution für Anbauer mit geringem oder gar keinem Ackerbesitz gehabt; auf dem Lande waren derartige Anbauer unter die Kossäten gerechnet worden.

Der Name Häusler wird, so weit wir sehen, zum erstenmale im Teilungsrezeß von 1651 gebraucht, wo die Freien unter diesem Namen auftreten; sie selbst nennen sich 1754 „Häusler" [1], später wird für sie die Bezeichnung „Büdner" üblich.

Der Unterschied zwischen den Klassen der Büdner und Häusler ist schwankend: Der Büdner besitzt einigen Acker, seine Wirtschaft ist verhältnismäßig selbstständig, der Häusler hat nur seinen Garten beim Hause und ist im übrigen auf Tagelohnarbeit angewiesen, die aber auch im Haushalt des Büdners eine Rolle spielt.

An den Grundgerechtigkeiten in den herrschaftlichen Forsten partizipierten auch die Büdner und Häusler.

Die „Hausgenossen", jetzt „Schutzleute" genannt, treten deutlicher hervor als im 16. Jahrhundert; sie geben jetzt 1 Thl. „Schutzgeld" und scheinen von dem früheren „Hausgenossendienst" befreit zu sein.

Die neuen kleinen Wirte siedeln neben der Hüfner- und Kossätengemeinde, die jetzt ihre Geschlossenheit erhält, z. T. ehe die alten Stellen alle wieder besetzt sind, und haben ihre Häuser zu Erbrecht; sie sind zu unterscheiden von den „Hausleuten", die in herrschaftlichen Häusern zur Miete wohnen [2]. Die einen zahlen den „Erbzins", der nicht erhöht werden darf, die anderen die „Hausmiete", die gesteigert werden kann; Erbzins wie Hausmiete betrugen einige Thaler im Jahr (2—6 Thl.). Durch Zahlung eines Erbstandgeldes konnte der „Hausmann" Eigentümer seines Hauses werden, wie es in späterer Zeit vielfach geschehen ist.

Durch die verhältnismäßig hohe Abgabe des Erbgeldes

---

[1] s. S. 91.

[2] In den Quellen gehen die Bezeichnungen bisweilen durcheinander; in den Ablösungsrezessen wird der Ausdruck „Büdner", „Häusler" durchweg auch von den herrschaftlichen Leuten gebraucht.

und der Hausmiete waren die Anbauer zugleich von den wirtschaftlichen Diensten befreit; die Spinn-, Jagd- und Wachdienste aber mußten sie leisten. Sie dienten auf den herrschaftlichen Gütern um Lohn, die erblichen Besitzer nach freiem Übereinkommen, die Hausleute auf Grund eines festen Arbeitsvertrages; in der Ernte bekam z. B. in Arensnest 1752 pro Tag

jeder Mäher 4 gr. und 4 Kannen Bier,
jeder Harker 2 gr. und frei Getränk [1].

dd. „Die Hütten".

Bevor die Hüfner- und Kossätenstellen in den Dörfern wieder vollbesetzt waren, siedelten sich neben den alten Stellen bereits kleine Wirte, Büdner und Häusler, an; aber nicht nur das, auch eine Reihe ganz neuer Siedlungen sehen wir bereits seit 1700 neben den bestehenden Dörfern emporwachsen. Sie unterscheiden sich aber von den Gründungen des 16. Jahrhunderts ganz wesentlich: Diese waren Bauernkolonien, nach einheitlichem Plane angelegt, jene sind Arbeitersiedlungen, die allmählich um eine der zahlreichen Teer- und Pechhütten der Brandtsheide entstehen [2]; schon ihr Name deutet das an.

Bei der Reetzer Teerhütte wohnten 1684 nur ein Teerschwäler, ein Böttcher und ein „Unterläufer", „mehr ist nicht gebaut gewesen"; 1716 hatten die „Reetzer Hütten" schon 22 Wirte.

Um den 1703 gegründeten Teerofen bei Medewitz war 1716 bereits die Siedlung „Medewitzer Hütten" mit ebenfalls 22 Stellen emporgewachsen.

Ähnlich entstanden die „Neuen Hütten" bei Wiesenburg, die „Jeseriger Hütten", die „Springer Hütten" (heute Spring) und die „Welsigker Hütten" (heute Welsigke); auch das Vorwerk Setzsteig war „mit Hütten angebauet" [3].

Die „Praestanda sämtlicher Unterthanen" von 1755 [4] geben uns über die „Hütten" genauere Auskunft; sie unterrichten uns über die Zahl der Einwohner [5] und über das Besitzrecht der „Hüttenleute": Die Häuser gehören der Herrschaft, ihre

---

[1] Nach den Pachtkontrakten.

[2] Auf den Meßtischblättern und selbst auf den Generalstabskarten sind die neuen Ansiedlungen mit ihrem Gewirr kleiner Gehöfte von den Straßendörfern des 16. Jahrhunderts auf den ersten Blick zu unterscheiden.

[3] Chron. pass. nach den Kirchenbüchern und anderen Quellen. Vgl. hierzu Tabelle III und die Übersichtskarte. Nicht hierher gehört die Siedlung „Glashütte" bei Jeseriger Hütten, die auf eine bald wieder verschwundene industrielle Anlage der 30er Jahre des 19. Jahrhunderts zurückgeht.

[4] Cit. S. 42.

[5] Vgl. Tab. III.

Bewohner zahlen „nach den getroffenen Contracten" die jährliche Hausmiete und dienen zur Jagd usw. wie die anderen „Hausleute". Zur Zeit der Ablösungsrezesse gibt es schon erbliche Stellen in den Kolonien; in neuerer Zeit ist vielfach die Erblichkeit erworben worden[1]. Sie wurde bereits im 18. Jahrhundert in einzelnen Fällen beansprucht; so wollten sich die Einwohner von Spring im Jahre 1762 „zu 4 Rthl. (statt 3 Rthl.) Hausmiethe nicht verstehen" und beriefen sich auf ihre Kaufbriefe, „worin 3 Rthl. als ein Erbzinß feste gesetzet worden"[2].

Zu den „Hütten" gehörte nur wenig Land; die Bewohner waren in erster Linie Waldarbeiter und als solche angesetzt: Von den Jeseriger Hütten heißt es 1755: „Diese Hütten nebst deren Inwohnern seynd bis anhero zum Holtz-Hauen gebrauchet worden". Die „Hüttenleute" hatten einen festen Arbeitsvertrag wie die Gutstagelöhner und wurden gleich diesen auch wohl, besonders zur Zeit der Ernte, als Feldarbeiter gebraucht[3]. Der gewöhnliche Hauerlohn betrug 4 gr. pro Klafter[4].

Diese „Hütten" sind eine Eigentümlichkeit der Brandtsheide; außerhalb derselben finden sie sich fast gar nicht; nur im westlich benachbarten Schweinitzer Forst sind neben dem Dorfe Schweinitz die „Schweinitzer Hütten" entstanden[5].

d) Die Nutzung der herrschaftlichen Forsten.

Die Ansetzung einer so zahlreichen Forstarbeiterschaft läßt darauf schließen, daß die Forsten, diese Goldgrube der Herrschaft, jetzt intensiver genutzt wurden als früher.

In der Tat begnügte man sich nicht mehr mit dem Holzhandel in der Umgegend, sondern man schloß langfristige Lieferungskontrakte mit Gewerkschaften und Bergämtern, die in Zeiten der Not, z. B. während des Siebenjährigen Krieges, fast die einzige Geldquelle darstellten; gewaltige Mengen Holzes, oft viele tausend Klafter, wurden auf diese Weise verhandelt; der General Adam Friedrich z. B. kontrahierte für seinen Teil (etwa die Hälfte der Gesamtherrschaft) 1749—1752 auf zusammen 27 000 Klafter[6].

Die Forsten lichteten sich infolge der vielen Schläge im Laufe des 18. und noch in der ersten Hälfte des 19. Jahr-

[1] Vgl. Tab. III.
[2] „Correspondenz" cit. S. 79 a. 1.
[3] Pachtkontrakte.
[4] „Correspondenz" cit. S. 79 a. 1.
[5] Am Westrande des waldreichen Zauche-Plateaus (nördlich von Brück) liegt neben dem Dorfe Damelang die Kolonie „Damelanger Teerofen".
[6] Hierzu genauer Chron. 260 f, 295 f.

hunderts bedenklich; in neuerer Zeit haben zahlreiche Aufforstungen stattgefunden; sie bevorzugen das schneller wachsende Fichten- vor dem Laubholz, das immer mehr verschwindet.

Neben dem Holzhandel blühte die Teer- und Pechbrennerei; zahlreiche neue Öfen waren gegründet worden; es gab solche zu Wiesenburg, Reetzerhütten, Altehölle, Zipsdorf, Spring, Setzsteig, Jeserigerhütten, Arensnest und Welsigke[1]. Die Öfen wurden an die Teerbrenner verpachtet, die 14—20 Thl. von jedem Brande und 3 Thl. von jeder Tonne Teer zahlten[2].

Mit dem Walde hing auch die Pottaschensiederei zusammen, die seit Anfang des 18. Jahrhunderts in Wiesenburg bestand; die Untertanen hatten, wenigstens zur Zeit der Ablösungsrezesse, die Pflicht, die gewonnene Asche zu einem bestimmten Preise der Herrschaft zu liefern, offenbar zur Verarbeitung in der „Fabrik".

e) Die Vermögenslage der Untertanen.

Um zum Schlusse noch von der Lage der Untertanen während des 18. Jahrhunderts ein anschaulicheres Bild zu bekommen, als wir bisher gewinnen konnten, wollen wir auf die schon öfter erwähnte Steueruntersuchung von 1766 ff. etwas näher eingehen. Wir haben die Protokolle nur für das Dorf Wiesenburg[3].

Die Lage der Einwohner ist nach ihren Aussagen geradezu trostlos. Es handelte sich allerdings um die Zeit kurz nach dem Siebenjährigen Kriege, der ganz Sachsen so schwer betroffen hatte[4]; die Furcht vor neuen Steuern mochte manchen veranlassen, seine Lage noch trauriger zu schildern als sie war.

Die Kossäten insgesamt geben zu Protokoll: „Der Boden der Feldmark ist ratione qualitatis überall schlecht, wie denn ihre Ackerstücke meist an den Heiden angewiesen worden, und der Mangel an Acker verursacht, daß sie keine Brache liegen lassen könnten, sondern alles jahraus jahrein besäen müßten;" dazu ermangelt die Mistung: Es kann nur Roggen und Hafer gebaut werden. Mit dem Heufutter steht es ebenfalls schlecht, da das Marienbrucher[5] Heu sauer ist; auch die Hutung wird als „herzlich schlecht" geschildert.

Sie halten Ochsen, Kühe und Schweine, auch Pferde dürfen sie halten, können es aber der Fütterung wegen nicht;

---

[1] Chron. 388.

[2] „Correspondenz".

[3] Loc. F 4.

[4] Wuttke (S. 153) hält den erwachsenen Schaden für größer als den des 30jährigen Krieges, den er u. E. unterschätzt. Über die traurigen Verhältnisse des Bauernstandes im 18. Jahrhundert ders. S. 170 ff.

[5] Heute „Morgenbruch", dicht westlich an Wiesenburg.

Schafe und Gänse, „als ein vor dem Landmann sehr nutzbares Vieh“, dürfen sie im Gegensatz zu den anderen Dörfern nicht haben [1].

Wenn die Familie sich auf drei Köpfe erstreckt, so können die wenigsten Korn verkaufen, manchmal gewinnen sie nicht so viel, wie sie zu ihrer „Brödtung und Saamen benöthigen“; deshalb müssen sie nebenbei Fuhren fahren; das Fuhrgeschäft liegt infolge des Krieges aber ganz und gar, so daß einzelne Kossäten auf Tagelohn gehen müssen.

„Es wäre also eine pure Unmöglichkeit, erhöhte Steuern anzunehmen, da sie kaum so ihr Leben fortzubringen in Stande wären“.

Die Freien, „die doch größtentheils Professionisten sind“, erklären, daß sie „auch in schlechten Umständen wären, da die Nahrung ganz und gar läge und nichts zu verdienen wäre; sie hätten überhaupt alle Hände voll zu thun durchzukommen und sich mit den Ihrigen zu unterhalten“.

Ähnlich hatten sich die einzelnen bei ihrer Vernehmung geäußert: Einige Kossäten müssen sich „wegen der Kriegs-Troublen und des Viehsterbens“ [2] „mit Tagelöhnereyen“ zu erhalten suchen; einige freie Tagelöhner können ihr Brot nicht in Wiesenburg verdienen, sondern „müssen sich kümmerlich auch wohl außerhalb des Landes hinbringen“; der Rademacher Diezmann muß „seine Arbeit nachs Brandenburgische und Anhaltische hin verarbeiten“ usw. usw.

f) Plan eines Retablissements.

Die Untersuchung von 1766 hatte eine Revision der von der Herrschaft in die Kreissteuereinnahme in Wittenberg abzuführenden Steuern zum Zweck gehabt; es hatten sich für Wiesenburg, Jeserig, Reetz und Reppinichen 278 zurückgehaltene Schocke ergeben, deren Abführung der Herrschaft nunmehr „trotz Appellationen, Inhäsionen und Landtagsgravamen“ auferlegt wurde.

Das Flurbuch konnte wegen des Widerstandes der Herrschaft erst 1769 aufgenommen werden; wir haben die wichtigsten Angaben oben bereits benutzt.

Im Anschluß an die Steueruntersuchung wurde, wahrscheinlich von der Kreissteuereinnahme, ein interessanter „Unterthänigster Vortrag die beym Guthe Wiesenburg besonders Ersten und Anderen Theils vorwaltenden, dann aber auch bei deßen Dritten und Vierdten Theil sich mit veroffenbarten Steuerirrungen und Gebrechen betr.“ erstattet, dessen Abschrift

[1] Vgl. oben.

[2] 1761 und 1764 wurde die ganze Gegend von Viehseuchen heimgesucht.

sich im Archiv befindet[1]. In Punkt VI kommt der „Vortrag“ auf „die sich ergebenen vielen aus der Versteuerung gebliebenen Dorffmarken“ zu sprechen. Die „Freien“ hatten in ihren Prozessen immer darauf hingewiesen, daß sie die Arbeit auf den gerodeten wüsten Marken nicht zu leisten brauchten, da diese nicht Ritterland seien. Punkt VI tritt der Frage jetzt näher.

Es wird auf einen Vorbescheid von 1724 hingewiesen, wonach „alle mit Unterthanen noch unbesetzte Dorfstätte, ob sie gleich unter der Lehnsbesitzer Pfluge wären, nicht Ritter-, sondern schockbares und erbliches Bauernguth seyen“. Es seien, argumentiert der „Vortrag“, bei den „wüsten Dorfmarken“, die er zu den „Dorfstetten“ in Gegensatz stellt, nur Jurisdiktion, Zinsen, Pächte und Dienste in Lehen gegeben worden, nicht der Acker selbst, der als res allodialis den (in einem benachbarten Dorfe wohnenden) Besitzern der Höfe[2], Felder usw. verblieben sei, die davon die schuldigen Abgaben zu leisten hätten; zu beweisen sei die Lehnsqualität des Ackers.

Aber ganz abgesehen von der Rechtsfrage, ist „ieder Landesfürst nicht nur befugt, sondern auch in conscientia verbunden, sein Land in seinen ehemaligen Stand, Flor und Anbau so viel als möglich wieder zu setzen“; daher kann er „die Dorfmarken nicht eigennützigen Privaten überlassen, vielmehr befindet er sich jederzeit in possessione civili“. Er kann und soll also Leute ansetzen, die das Land „beurbaren und bewohnen“; die Gerichtsherrschaft hat nur die gewöhnlichen Pächte und Dienste von den Kolonisten zu fordern. Es kann also nach der allerdings sehr schwierigen Feststellung und Ausmessung der wüsten Marken „sodann einem jeden zum Anbau sich meldenden Menschen ein großes oder kleines Stück davon eigenthümlich angewiesen und überlassen werden“.

Dieser interessante Plan, nach dem der populationistische Staat des 18. Jahrhunderts den Zustand wiederherstellen sollte, den einst die große deutsche Kolonisation des 12. und 13. Jahrhunderts geschaffen hatte, ist nicht ausgeführt worden; man darf wohl zweifeln, ob er in diesem Umfang überhaupt hätte verwirklicht werden können.

3. Das 19. und 20. Jahrhundert.

a) Die wirtschaftlichen Reformen.

Das 19. Jahrhundert hatte die schwere Aufgabe, die Fesseln einer veralteten Wirtschaftsordnung zu lösen und einer neuen Entwicklung Raum zu schaffen.

---

[1] Loc. S.!

[2] Die „Höfe“ d. h. die „Woorthen“ oder „Gärten“ untergegangener Dörfer pflegten gesondert verpachtet bzw. vererbt zu werden.

Durch die „Verordnung, die Aufhebung der Erbuntertänigkeit in dem Cottbusser Kreise, den beiden Lausitzen und den übrigen vormals Kgl. Sächsischen Landestheilen betr." vom 18. Januar 1819 [1] wurde auch die Herrschaft Wiesenburg der Segnungen des Edikts vom 9. Oktober 1807 teilhaftig.

Auf Grund der „Gemeinheitstheilungs-Ordnung" vom 7. Juni 1821 wurde im Jahre 1833 die Feldmark Wiesenburg separiert. Es war zunächst nur eine Herauslösung des Gutslandes, soweit es mit dem Kossätenacker im Gemenge lag, verbunden mit der Ablösung der Hutungsgerechtigkeit, die sechs Wiesenburger Kossäten auf einem Teile des Ritterlandes zustand; die Kossäten wurden für ihr Recht in Land entschädigt.

Die ganze Feldmark hielt

2265 Mg. 34 Rth.;

davon gehörten der Herrschaft vor der Separation:

1121 Mg.	49 Rth.	Acker und	
26 „	107 „	Wiesen;	

nach vollzogener Separation:

1077 Mg.	121 Rth.	Acker und	
28 „	97 „	Wiesen.	

Die Zusammenlegung der Kossätenäcker untereinander erfolgte erst 1837.

Dies war die einzige Separation, an der die Herrschaft beteiligt war; die übrigen Dorfmarken wurden wohl erst später separiert; die Hutungsgerechtigkeit, die der Herrschaft auf ihnen zustand, ist in den fünfziger Jahren bereits in „Hutungsentschädigungsrente", Roggen vom Acker, Geld von den Wiesen, verwandelt.

Auch Fleischzehnt und Hühner wurden nur von einigen Dörfern, z. B. Wiesenburg, noch in natura gegeben.

Die Verwandlung der Dienste in Geld hatte bereits im 18. Jahrhundert begonnen; Dienste in natura sind seit 1848 wenigstens in Wiesenburg-Wiesenburg nicht mehr geleistet worden. In Wiesenburg, Mahlsdorf und Schmerwitz (nicht in Klein-Glien) nämlich kam es nach dem 18. März zu Tumulten [2]; man verlangte Befreiung von den Hofediensten, wie sie die Amtsdörfer längst besaßen; auch in anderen ritterschaftlichen Dörfern, die noch Frohnen leisten mußten (z. B. in Fredersdorf bei Belzig), fanden damals stürmische Szenen statt. Die Ablösungsrezesse zeigen, daß seitdem die wirtschaftlichen Dienste, die Spinndienste und die Erdbeerenabgabe (die übrigen bestanden ja seit 1819 nicht mehr), verweigert worden sind;

---

[1] Preuß. Ges.-Sammlung 1819, S. 21 ff.

[2] Chron. 175, 226, 269, 395.

sie mußten bei der Ablösung durch Geldzahlung nachgeholt werden.

Bald nach dem Erlaß des Gesetzes vom 2. März 1850, am 28. Dezember, trug die Wiesenburger Herrschaft auf Ablösung sämtlicher Reallasten an; die Erfahrungen des Jahres 1848 werden hierbei nicht ohne Einfluß gewesen sein. In 12 Jahren war das Werk im großen und ganzen vollendet; am 25. Februar 1863 kam nach langen Verhandlungen auch mit den Wiesenburger Kossäten ein Vergleich zustande.

Abgelöst wurden, um noch einmal zusammenzufassen, folgende Lasten[1]:

A. Naturalien.

1. Getreidepächte in Roggen, Gerste und Hafer oder in einer bzw. in zwei dieser Getreidearten.
2. Hutungsentschädigungsrente in Roggen.
3. Abgaben an Hühnern.
4. Abgaben an Eiern.
5. Abgaben an Erd- bzw. Heidelbeeren.
6. Naturalfleischzehnt.
7. Brote für den Gerichtsdiener.
8. Lieferung der im Haushalt gewonnenen Asche zu 1 Sgr. 9 ₰ für den Scheffel.

B. Geldabgaben.

1. Wiesenzinse.
2. Wiesenhutungsentschädigungsrente in Geld.
3. Feststehendes Holzgeld.
4. Dienst- und Prästationsablösungsgelder.
5. Schoß.
6. Fleischzehend-Abrechnungs-Renten.
7. Erb- und Grundzins.
8. Schutzgeld.
9. Nahrungsgeld.
10. Hühnergeld.

C. Dienste.

1. Landwirtschaftliche Handdienste.
2. Botendienste.
3. Jagddienste.
4. Wachdienste.
5. Spinndienste.
6. Richtdienste.
7. Kehren des Schloßhofes und des Dammes.

Die Gegenleistungen der Herrschaft bestanden in Verabreichung einer gewissen Quantität Bier beim Abliefern der

[1] Einzelne Lasten werden in den Ablösungsrezessen zum ersten Male genannt; soweit sie von Bedeutung sind, haben wir sie bereits erwähnt.

Pächte und beim Richten der herrschaftlichen Gebäude. Die „Freien“ erhielten außerdem im Herbst nach Beendigung der Wirtschaftsdienste jeder 2 Schfl. Roggen und 1 Sgr. 3 ₰, ihre Frauen zusammen eine halbe Tonne Bier.

Die aufgeführten Abgaben und Dienste verteilen sich, wie wir wissen, auf die verschiedenen Stellen verschieden.

Für unentgeltlich aufgehoben wurden erachtet die Boten-, Jagd- und Wachdienste, das Schloßhofkehren und, laut richterlicher Entscheidung, das Nahrungsgeld der Wiesenburger Handwerker.

Das Holzgeld blieb bis zur Ablösung der Forstservituten bestehen.

Der Heidelöschdienst war seiner polizeilichen Natur wegen nicht ablösbar.

Die übrigen Verpflichtungen wurden in der gewöhnlichen Weise durch einmalige Kapitalzahlung im 20 bzw. 18 fachen Betrage der Leistung oder mit Hilfe der Rentenbank getilgt.

Erst nachdem die Reallasten erledigt waren, ging die Herrschaft an die Ablösung der Grundgerechtigkeiten, die den Untertanen in den Forsten zustanden.

Der Reallastenablösungsrezeß der Wiesenburger Kossäten, der nach langem Verhandeln 1863 zustande kam, hat ein doppeltes Gesicht; in ihm wird der Wert der Grundgerechtigkeiten mit dem entsprechenden Werte der Verpflichtungen kompensiert und der Überschuß abgelöst[1].

In den folgenden Jahrzehnten kommen die Servitutenablösungen mit sämtlichen Untertanen zustande; im Dezember 1885 waren sie in der Hauptsache abgeschlossen.

Abgelöst wurden:

Die Hutung mit bestimmten Vieharten im Walde und auf den Waldwiesen der ganzen Brandtsheide;

Die Waldstreuberechtigung in Wiesenburg I. Anteils;

Die Entnahme verschiedener Brennholzsortimente aus Wiesenburg I. Anteils;

Das Recht zum Holen von Steinen, Sand und Lehm;

Das Recht, Beeren und Pilze im Walde zu sammeln.

Die Gegenleistungen bestanden in dem Holzgeld von 15 Sgr. = 1,50 *M*.

Es blieb das Recht auf Lehm und Sand; die Herrschaft wurde verpflichtet, auf den verschiedenen Feldmarken Lehm- und Sandgruben offen zu halten.

Nur bei den Wiesenburger Kossäten waren die Reallasten gegen die Grundgerechtigkeiten aufgerechnet worden; die übrigen Untertanen hatten ihre Leistungen schon durch Geldzahlung abgelöst bzw. gaben Rente; sie mußten also voll entschädigt werden.

---

[1] Vgl. oben.

Die Entschädigung geschah entweder durch Geld, viel häufiger aber durch Land. Die Bauern-, Kossäten- und Büdnergüter vergrößerten sich infolgedessen z. T. recht erheblich; viele kleine Stellen bekamen überhaupt erst durch die „Abfindungspläne“ reichlicheren Grundbesitz [1].

Die Jeseriger Hüfner z. B. [2] erhielten als Abfindung jeder bis zu 30 Morgen, die z. T. erst gerodet werden mußten.

Die landlosen „Freien“ („Altbüdner“) in Wiesenburg bekamen durch die Ablösung jeder 6—7 Morgen, ähnlich die Büdner in Spring, denen je etwa 5 Morgen angewiesen wurden.

Das Land wurde zehntfrei übergeben; die Herrschaft hatte zu diesem Zwecke im Jahre 1863 den Kirchenzehnt abgelöst.

Ähnlich wie in Wiesenburg I. Anteils und etwa gleichzeitig war das Ablösungsgeschäft auch bei den anderen Anteilen in Angriff genommen worden.

Am frühesten scheint Mahlsdorf [3] begonnen zu haben, das schon 1845 die Forstservituten von Neuehütten Mahlsdorfer Anteils ablöste. Ihm folgten Glien [4] und Schmerwitz [5].

In Reetz [6] z. B. bekam jeder Hüfner 20 Morgen, jeder Kossät 12 Morgen Land von der Herrschaft Schmerwitz; Mahlsdorf entschädigte die Reetzer Einwohner durch Geld und gab jedem Hüfner 14 Thl., jedem Kossäten 9 Thl., jedem Büdner 6 Thl. jährliche Geldrente.

Da die Weideservitut sich über alle Anteile erstreckte, so war nach Beendigung des Ablösungsgeschäfts eine Abrechnung zwischen den einzelnen Herrschaften nötig; der endgiltige Ausgleich, verbunden mit der Ablösung der wechselseitigen Hutungsrechte, kam am 11. Dezember 1891 zustande.

Damit war das schwere Werk der Ablösung im wesentlichen beendet.

b) Die neueste Entwicklung.

Die althergebrachten Beziehungen, die sich im Laufe der Entwicklung zu einem Hemmnis für beide Teile herausgebildet hatten, waren beseitigt; aus den „Herrschaften“ wurden, zumal nach Aufhebung der Patrimonialgerichtsbarkeit, land-

---

[1] ganz anders als in der Niederlausitz, wo sich die Standesherrschaften durch „Abfindungspläne“ auf Kosten des Bauernlandes vergrößerten. Zahlen bei Schmidt 85.

[2] Zusammenfassend über Wiesenburg-Wiesenburg Chron. 193.

[3] Chron. 230.

[4] Chron. 252.

[5] Chron. 272.

[6] Chron. 365.

und forstwirtschaftliche Großbetriebe [1], die jetzt nach modernen Prinzipien zu wirtschaften begannen.

Seit etwa 1860 rechnet die Chronik „den Anbruch einer neuen Ära für Wiesenburg“ [2].

Die Güter sind jetzt zum größten Teile verpachtet; aufgelöst wurde 1864 die Mahlsdorfer Ökonomie; die Äker wurden z. T. einzeln verpachtet, z. T. aufgeforstet [3].

Unter eigener Leitung der Besitzer stehen vor allem die Forsten, ganz wie in der Niederlausitz [4]. Die Forstwirtschaft ist hier wie dort bei dem vorwiegend leichten Boden eine Notwendigkeit; sie ist vielfach auf Ländereien ausgedehnt, die man früher, so gut es ging, als Acker nutzte; aber auch viel Unland ist aufgeforstet worden.

Diesen Fortschritten im Innern entspricht die Ausdehnung der Herrschaften nach außen: Das Gut Eichholz, etwa 2 km nordwestlich von Steindorf (jetzt eingegangen), wurde 1858 von Schmerwitz erworben; Wiesenburg kaufte 1867 das Gut Klepzig; Mahlsdorf hatte seit 1843 im Nordwesten einen Teil des Rittergutes Görzke, das Vorwerk Borgsdorf, das Rittergut Hohenlobbese, das Vorwerk Wutzow, das Rittergut Juliushof und das Gut Wendlobbese in seinen Besitz gebracht.

Die neuerworbenen Ländereien wurden z. T. aufgeforstet; so z. B. wurden die Klepziger Forsten von 800 auf 1200 Morgen gebracht [5].

Dagegen haben in Wiesenburg-Schmerwitz in allerneuester Zeit bedeutende Verkäufe stattgefunden; die Waldgebiete im Norden der Herrschaft um Werbig und Groß-Briesen, also die ältesten Erwerbungen des Geschlechts, sind an den Fiskus veräußert worden.

Die Expansionskraft der Herrschaften betätigte sich nun aber nicht nur nach außen.

Wir hatten feststellen können, daß im Gegensatz zu anderen Gebieten ein Auskaufen von Bauernstellen in der Herrschaft Wiesenburg nur vereinzelt stattgefunden hatte. Seit dem Aufhören der Leistungen nach der Ablösung haben die Herrschaften kein Interesse mehr an der Erhaltung der früher abgaben- und dienstpflichtigen Stellen, und so bringen sie vielfach bäuerlichen Grund und Boden in ihren Besitz; wohl in allen Dörfern der Gesamtherrschaft sind einzelne Hüfner- und Kossätenstellen an die Herrschaften übergegangen [6]; auch im benachbarten Lotzschke haben Auskäufe stattgefunden.

Am intensivsten hat diese Entwicklung in Wiesenburg

[1] Vgl. für die Niederlausitz Schmidt 88.
[2] S. 187.
[3] Chron. 230. Vgl. zu diesem Abschnitt die Tabelle V.
[4] Schmidt 85 ff.
[5] hierzu Chron. pass.
[6] Vgl. hierzu Tab. III.

eingesetzt. Das 16. und 17. Jahrhundert hatte die Hüfner dieses Dorfes verschwinden sehen, die dem Gutsherrn durch ihre Gemengelage lästig fielen; auf gerodetem Lande waren die Kossäten zu bedeutenden Ackerbesitzern aufgestiegen. Jetzt werden auch die Kossätenwirtschaften vom Gutslande aufgesogen; sie haben sich bereits von 18 auf 5 vermindert.

Oft verfolgen die Auskäufe nicht den Zweck, das Gutsland zu vergrößern, sondern sie zielen auf die Ausdehnung der Forsten hin; dann wird das bessere Land entweder vom Verkäufer (der sich meist ein Stammgut vorbehält) oder auch von der Herrschaft parzelliert und veräußert, das leichte Land und die Bauernheide dagegen von der herrschaftlichen Forstverwaltung übernommen.

In diesen Fällen bedeutet der Auskauf auch vom allgemeinen Gesichtspunkte einen unleugbaren Fortschritt, da er wenig ergiebiges Land und schlecht gepflegten Wald in bessere Kultur bringt.

Die größeren bäuerlichen Wirtschaften der Brandtsheide sind aber nicht nur durch Auskauf seitens der Herrschaften im Schwinden begriffen; die Erscheinung, daß die größeren Betriebe sich nicht zu halten vermögen und der gänzlichen oder teilweisen Parzellierung anheimfallen [1], zeigt sich auch hier; in Reppinichen z. B. haben sich die Hüfner auf 60 Morgen reduziert.

So wird die Brandtsheide immer mehr zu dem „Lande der kleinen Leute“, wie wir sie oben geschildert haben. Die Lage ihrer Bewohner kann man befriedigend nennen; in allerletzter Zeit haben auch die zurückgebliebenen Dörfer Groß-Briesen, Neu-Werbig und Reppinichen erfreuliche Fortschritte gemacht.

Infolgedessen ist die Bevölkerung in den meisten Ortschaften bis in die neueste Zeit ständig gestiegen; die Tabelle VI stellt die Zahlen des 19.—20. Jahrhunderts zusammen, soweit dem Verfasser genügendes Material zu Gebote stand; die Angaben bis 1880 lieferte die Chronik (passim).

---

[1] Vgl. für das nahe brandenburgische Dorf Schlalach Kehrl, Konrad: „Das Dorf Schlalach, seine Büdner und ihre landwirtschaftlichen Verhältnisse“. Schmollers Forsch. Heft 134 (1908).

C. Rückblick.

Die Verhältnisse in den nördlichen Ämtern des Kurkreises sind in der Hauptsache durch die große Kolonisation des 12. und 13. Jahrhunderts geschaffen worden. Das reine Bauernland des „hohen Flämings“ geht auf ausschließlich deutsche Besiedlung „von wilder Wurzel“ zurück; der mehr oder minder hohe Prozentsatz von Rittergütern südlich und nördlich erklärt sich durch mehr oder minder bedeutende Beimengung slawischer Volksteile.

Einer zweiten, andersartigen Kolonisation auf wüst gewordenen bäuerlichen Marken verdankt der Güterkomplex der Herrschaft Wiesenburg seine Entstehung; große Flächen unfruchtbaren Bodens, die für bäuerliche Besiedlung wenig geeignet sind, werden jetzt in einem geregelten Forstbetriebe genutzt, durch den eine zahlreiche Bevölkerung ihr Brot findet.

Die verderblichen Wirkungen des Dreißigjährigen Krieges sind in unserer Gegend nicht zu beobachten: Außerhalb der Brandtsheide finden wir noch heute das Land ganz überwiegend in bäuerlichen Händen; die Güter spielen, besonders im Norden, mehr die Rolle eingestreuter Musterwirtschaften, als daß sie dem Ganzen das Gepräge aufdrücken könnten.

Was im Laufe der Jahrhunderte entstanden ist, können wir gutheißen; die Grundlagen für eine gesunde Weiterentwicklung sind gegeben.

Tabelle I.

	Zahl der Dörfer überhaupt	Ritterschaftliche Dörfer			Amts-Dörfer: Zahl der Amtsdörfer	Freie Sitze		Größe von Feldmark u. Bauerngut			Lehnmänner				Einwohnerzahl		Dienste außer den gewöhnlichen Amtsfuhren		
		Zahl	Freie Rittersitze	Dörfer mit freien Rittersitzen		Zahl der freien Sitze	Dörfer mit freien Sitzen	Hufenzahl der Feldmark	Hufenzahl des Bauerngutes	Hufenzahl des Schulzengutes	Zahl der Lehnmänner	Dörfer mit Lehnmännern	Reine Lehnmänner	Größe des Lehnmännergutes	Hüfner	Kossäten	Schulzen und Lehnmänner	Gewöhnliche Hüfner	Kossäten
A. Die südliche Niederung.																			
Altes Amt Trebitz . . (Wittenberger Aue)	31	11	3	3	20	3	1	17,7	2,4	2,1	2	2	—	1,0	8,1	6,2	Gesetzte Acker- und Erntedienste der Gemeinde		
Schweinitzer Audörfer	20	9	5	4	12	3	3	32,2	2,3	3,0	2	1	—	1,0	13,8	5,8	Unges. Amtsfuhren	Unges. Acker- u. Erntefuhr., Hd.dienste	Unges. Handdienste
Schweinitzer Buschdörfer	35	9	5	5	26	—	—	25,3	2,3	2,8	35	18	35	1,9	10,7	3,7	"	"	"
Amt Seyda (Buschdörfer)	6	—	—	—	6	—	—	26,0	2,3	3,0	5	3	5	3,2	10,4	1,4	" u. Erntefuhren	"	"
B. Der Südabfall.																			
Altes Amt Wittenberg	15	4	2	2	11	—	—	20,5	2,6	2,1	7	4	5	1,8	7,2	2,7	Gesetzte Erntedienste der Gemeinde		
C. Das Plateau.																			
Amt Seyda (Plateaudörfer)	9	—	—	—	9	1	1	42,2	3,7	3,7	7	6	5	2,9	11,1	4,7	wie die Seydaer Buschdörfer mit Erleichterungen		
Amt Jüterbog	?	?	?	?	14	—	—	48,0	4,1	2,9	—	—	—	—	12,1	3,9	—	—	Hdd. 1 Tg. i. d. Woche
Altes Amt Zahna . .	17	—	—	—	17	—	—	43,9	4,4	3,9	21	11	2	2,0	8,5	2,0	—	—	—
Altes Amt Rabenstein	14	1	1	1	13	—	—	32,8	3,5	4,1	1	1	1	2,0	10,6	1,9	—	Ges. Ackerdienst	Ges. Handdienst
Ehemalige Vogtei Wiesenburg	4	—	—	—	4	—	—	33,0	3,6	5,0 (nur für Reetz und Schlamau)	2	1	2	?	9,0	7,7 (f. Reetz, Schlamau, Jeserig)	—	Ungesetzte Dienste (theoretisch)	
D. Die nördliche Vorstufe.																			
Altes Amt Belzig . .	36	11	11	11	26	—	—	30,0	3,0	3,4	16	6	9	2,2	10,9	8,5	—	Ges. Ackerdienst	Unges. Handd.

Tabelle III.

	Art der Stellen	Zahl der Stellen in den Dörfern der Herrschaft 1530	1575	1592	1627	1702	1716	1755	1766	1833	1857	1863	1877	um 1880 (Chron.)	1891	1912
Wiesenburg . . .	Hü	5	2	2	0	—	—	—	—	—	—	—	—	—	—	—
	K	} 17	12	13	14 + 4 „Anspanner“	—	—	18	18	18	17	14	—	11	—	5
	Fr B Ha		} 19	} 29	} 20	—	—	24 Altbüdner + 2 Neubüdner	24 + 4	24 + 13	—	—	—	„Zahlreiche neue Büdner“	—	—
	Hl					—	—	—	ca. 20	—	—	—	—	„Große Zahl“	—	—
Jeserig	Hü	8	7	7	5	—	—	7	—	7	—	—	7	6	—	—
	K	4	5	8	7	—	—	6	—	6	—	—	5	5	—	—
	Fr B Ha	—	—	1	1	—	—	5	—	—	—	—	—	„viele“	-	—
	Hl	—	—	—	—	—	—	—	—	—	—	—	—	„viele“	—	—
Schlamau . . .	Hü	6	6	6	5	—	—	—	—	—	—	—	—	4	—	—
	K	8	7	9	9	—	—	—	—	—	—	—	—	5	—	—
	B Ha	—	—	1	—	—	—	—	—	—	—	—	—	„mehrere neu“	—	—
Reetz	Hü	15	14	14	13	—	14	14	—	—	—	—	—	11	—	—
	K	4	11	14	14	—	16	15	—	—	—	—	—	9	—	—
	B Ha	—	—	—	—	—	ca.15	—	—	—	—	—	—	106	—	—
Medewitz	Hü	5	5	5	—	—	} 27	—	—	—	—	—	—	—	—	—
	K	3	5	6	—	—		—	—	—	—	—	—	—	—	—
	B Ha	—	—	—	—	—		—	—	—	—	—	—	—	—	—
Groß-Briesen. . .	Hü	—	11	12	11	—	—	—	—	—	—	—	—	—	—	—
	K	—	10	8	8	—	—	—	—	—	—	—	—	—	—	—

		1530	1575	1592	1627	1702	1716	1755	1766	1833	1857	1863	1877	um 1880 (Chron.)	1891	1912
Neu-Werbig . . .	Hü	—	?	12	11	12	—	—	—	—	—	—	—	—	—	—
	K	—	?	8	12	9	—	—	—	—	—	—	—	—	—	—
Reppinichen . . .	Hü	—	11	15	15	—	—	8	—	—	—	—	—	—	—	—
	K	—	—	12	10	—	—	8	—	—	—	—	—	—	—	—
	B Ha	—	—	—	—	—	—	2	—	—	—	—	—	—	—	—
Klein-Glien . . .	K	—	—	[1595] 10	10	10	—	10	—	—	—	—	—	—	6	—
	Ha	—	—	2	6 (?)	8(?)	—	10	—	—	—	—	—	—	—	—
Hagelberg	K	—	—	—	—	—	—	7	—	—	—	—	—	[1885] 7	—	—
	Ha	—	—	—	—	—	—	—	—	—	—	—	—	4 (?)	—	—
Setzsteig	Hl	—	—	—	—	—	—	14	—	—	—	—	—	18 „nur herrschaftl."	—	—
Neuehütten . . .	B Ha	—	—	—	—	—	—	—	—	—	—	—	—	„neuerdings meist Eigentümer"	—	—
	Hl	—	—	—	—	—	—	15	—	—	—	—	—		—	—
Jeserigerhütten . .	B Ha	—	—	—	—	—	—	—	—	—	—	—	—	„wenige Eigentümer"	—	—
	Hl	—	—	—	—	—	—	28	—	—	—	—	—		—	—
Reetzerhütten . .	B Ha	—	—	—	—	—	—	—	—	—	—	—	—	lauter Eigentümer?	—	—
	Hl	—	—	—	—	—	22	—	—	—	—	—	—		—	—
Medewitzerhütten	B Ha	—	—	—	—	—	—	—	—	—	—	—	—	—	—	—
	Hl	—	—	—	—	—	22	—	—	—	—	—	—	—	—	—
Spring	B Ha	—	—	—	—	—	—	—	—	—	10	—	—	„11 meist herrschaftl."	—	—
	Hl	—	—	—	—	—	—	9	—	—		—	—		—	—
Welsigke	B Ha	—	—	—	—	—	—	—	—	—	—	—	—	„zum guten Teil herrschaftl."	—	—
	Hl	—	—	—	—	—	—	9	—	—	—	—	—		—	—

[Hü = Hüfner, K = Kossäten, Fr = Freie, B = Büdner, Ha = Häusler, Hl = Hausleute, herrschaftliche Leute.]

Tabelle II. Vorwerke und Schäfereien im Jahre 1627.

	Weizen Garben in Schock	Weizen Körner in Scheffeln	Roggen Schock	Roggen Scheffel	Gerste Schock	Gerste Scheffel	Hafer Schock	Hafer Scheffel	Fläche in Morgen	Schafe	Rindvieh	Schweine
Wiesenburg . .	6	24	$265\frac{3}{4}$	1063	$151\frac{1}{2}$	909	59	472	1200	616	92	53
Mahlsdorf . . .	$25\frac{1}{2}$	102	$138\frac{1}{2}$	554	135	810	$54\frac{1}{2}$	436	900	775	50	29
Steindorf . . .	—	—	147	588	64	384	36	288	600	450	40	18
Arensnest . . .	—	—	$98\frac{1}{2}$	394	$44\frac{1}{2}$	267	24	192	400	450	40	8
Groß-Glien . .	—	—	158	632	40	240	37	296	550	700	50	8
Schmerwitz . .	—	—	88	352	46	276	$16\frac{1}{2}$	132	350	466	—	—
Klein-Glien . .	—	—	$114\frac{1}{2}$	458	29	174	$31\frac{1}{2}$	252	400	—	—	—
Boßdorf	—	—	70	280	$30\frac{1}{2}$	183	$17\frac{1}{2}$	140	300	300	—	—
Summe .	$31\frac{1}{2}$	126	$1080\frac{1}{4}$	4321	$540\frac{1}{2}$	3243	276	2208	2350	3757	272	116

Tabelle IV. Die Güter im 18. Jahrhundert.

	Weizen-aussaat (Schfl.)	Roggen-aussaat (Schfl.)	Gersten-aussaat (Schfl.)	Hafer-aussaat (Schfl.)	Guts-acker (Mg.)	Pferde	Rinder	davon Kühe	Schweine	Ziegen	Schafe
Schmerwitz . 1693	—	24	24	24	100	—	—	—	—	—	—
Kl.-Glien 1702	—	192	96	72	550	—	—	16	6	—	250
Kl.-Glien um 1750	—	192	84	144	625	6	74	—	72	15	550
Hagelberg 1702	—	168	96	72	400	—	—	12	6	—	450
Hagelberg 1714	—	—	—	—	—	—	38	—	—	—	555
Hagelberg um 1750	—	192	96	144	650	—	—	—	—	—	800
Grützdorf 1702	—	72	48	192	475	—	—	8	6	—	300
Grützdorf um 1750	—	240	96	168	750	—	—	12	—	—	600
Mahlsdorf . . 1765	$38\frac{3}{4}$	$273\frac{1}{4}$	64	173	825	—	—	15	—	—	875

Tabelle V. Entwicklung der Güter.

	1627	1702	um 1750	1833	1907
Wiesenburg . .	ca. 1200 [1]	—	—	1121¼ bzw. 1077⅔	ca. 1715
Mahlsdorf . . .	ca. 900	—	[1765] ca. 825	—	ca. 110
Steindorf . . .	ca. 600	—	—	—	ca. 375
Arensnest . . .	ca. 400	—	—	—	ca. 555
Groß-Glien . .	ca. 550	—	—	—	ca. 390
Schmerwitz . .	ca. 350	[1693] ca. 100	—	—	ca. 1435
Klein-Glien . .	ca. 400	ca. 550	ca. 625	—	ca. 735
Boßdorf	ca. 300	—	—	—	—
Hagelberg . . .	[1618] ca. 400	ca. 400	ca. 650	—	+ Sandberg ca. 1640 (Hagelberg und Grützdorf)
Grützdorf . . .	—	ca. 475	ca. 750	—	
Setzsteig . . .	—	—	—	—	ca. 670

[1] Die Zahlen bedeuten die Größe des Ackerlandes in Morgen.

Tabelle VI. Einwohnerzahlen im 19./20. Jahrhundert.

	um 1815	um 1850	um 1880	1910
Wiesenburg	[1816] 571	[1854] 773	ca. 850	651 Gemeinde 491 Gutsbezirk
Jeserig	[1816] 133	—	312	331
Schlamau	—	—	279	290
Reetz	[1818] 304	[1856] 649	760	981
Medewitz	[1816] 135	[1864] 344	343	364
Groß-Briesen	—	—	—	427
Reppinichen	[1818] 224	[1855] 484	563	599
Neuehütten	—	—	217	244
Jeserigerhütten . . .	[1816] 141	243	160	135
Reetzerhütten	[1818] 194	[1856] 243	[1882] 345	331
Medewitzerhütten . .	[1818] 242	[1855] 349	252	267
Setzsteig	[1816] 93	—	122	73
Spring	[1816] 37	[1857] 45	40	15
Welsigke	—	[1857] 119	75	60

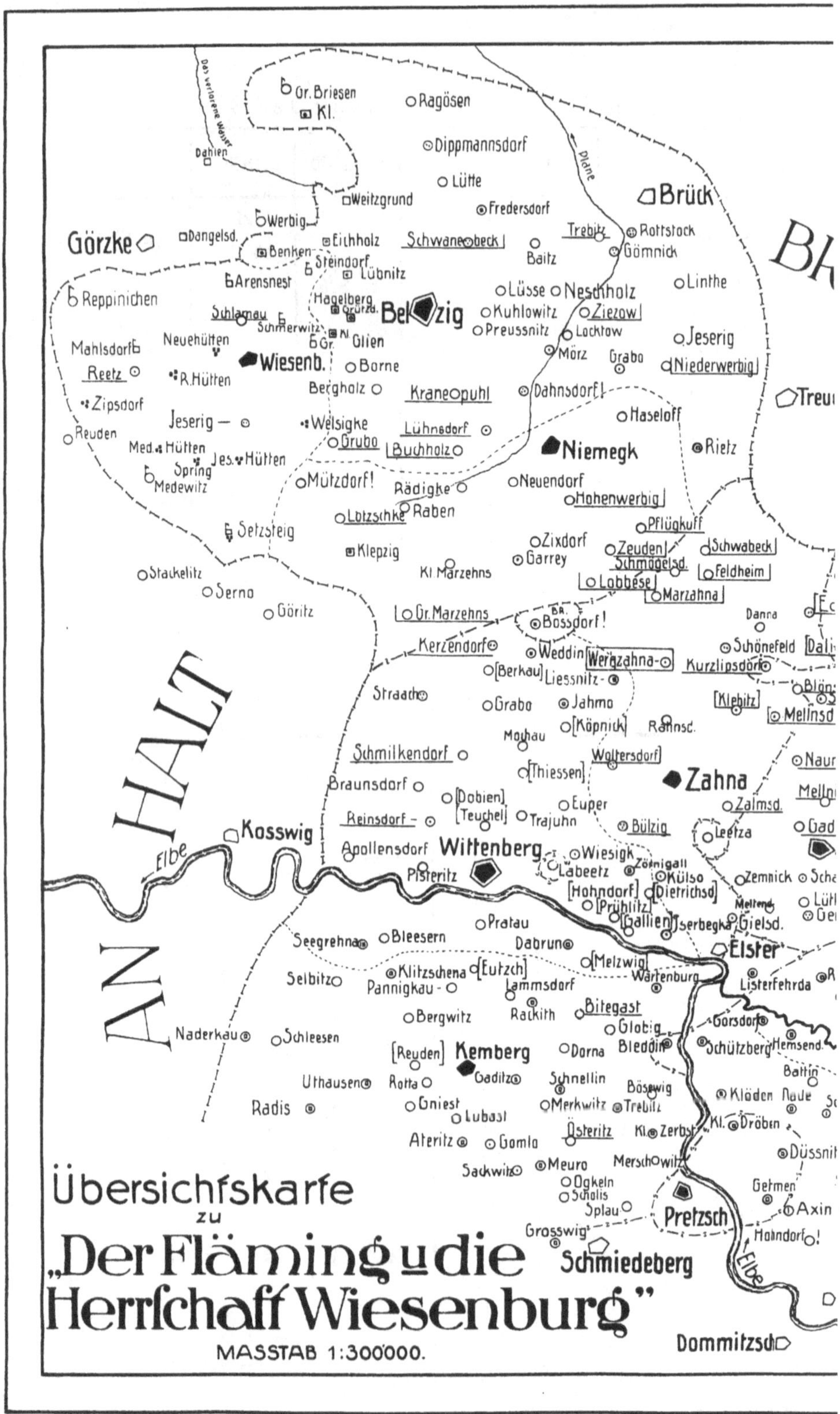
Übersichtskarte
zu
„Der Fläming u die Herrschaft Wiesenburg"
MASSTAB 1:300000.
ANHALT
Elbe
Das verlorene Wasser
Plane
Gr. Briesen
Kl.
Ragösen
Dippmannsdorf
Dahlen
Lütte
Weitzgrund
Fredersdorf
Brück
Werbig
Görzke
Dangelsd.
Eichholz
Schwanebeck
Trebitz
Rottstock
Benken
Baitz
Gömnick
Steindorf
Lübnitz
Arensnest
Linthe
Reppinichen
Hagelberg
Belzig
Lüsse
Neschholz
Schlamau
Kuhlowitz
Ziezow
Schmerwitz
Preussnitz
Locktow
Mahlsdorf
Neuehütten
Gr.
Glien
Jeserig
Mörz
Grabo
Reetz
Wiesenb.
Borne
Niederwerbig
R.Hütten
Bergholz
Kraneopuhl
Dahnsdorf
Treu
Zipsdorf
Haseloff
Jeserig
Welsigke
Lühnsdorf
Reuden
Grubo
Buchholz
Niemegk
Rietz
Med. Hütten
Jes. Hütten
Spring
Medewitz
Mützdorf!
Rädigke
Neuendorf
Hohenwerbig
Lotzschke
Raben
Pflügkuff
Setzsteig
Zixdorf
Zeuden
Schwabeck
Klepzig
Garrey
Schmögelsd.
Kl. Marzehns
Feldheim
Stackelitz
Lobbese
Serno
Marzahna
Göritz
Gr. Marzehns
Danna
Bossdorf!
Kerzendorf
Weddin
Werdzahna
Schönefeld
Berkau
Liessnitz
Kurzlipsdorf
Straach
Grabo
Jahmo
Klebitz
Mellnsd
Köpnick
Rahnsd.
Mochau
Schmilkendorf
Woltersdorf
Thiessen
Zahna
Braunsdorf
Dobien
Euper
Zalmsd.
Reinsdorf
Teuchel
Trajuhn
Kosswig
Bülzig
Leetza
Apollensdorf
Wittenberg
Wiesigk
Zörnigall
Pisteritz
Labeetz
Külso
Zemnick
Hohndorf
Dietrichsd
Prühlitz
Pratau
Gallien
Iserbegka
Gielsd.
Seegrehna
Bleesern
Dabrun
Elster
Melzwig
Selbitz
Klitzschena
Eutzch
Wartenburg
Pannigkau
Lammsdorf
Listerfehrda
Bergwitz
Rackith
Bitegast
Globig
Gorsdorf
Naderkau
Schleesen
Reuden
Kemberg
Dorna
Bleddin
Schützberg
Hemsend.
Gaditz
Schnellin
Uthausen
Rotta
Böswig
Klöden
Radis
Gniest
Merkwitz
Trebitz
Lubast
Kl. Zerbst
Kl. Dröben
Ateritz
Gomla
Österitz
Düssnit
Sackwitz
Meuro
Merschwitz
Ogkeln
Scholis
Getmen
Splau
Axin
Pretzsch
Grosswig
Hohndorf!
Schmiedeberg
Elbe
Dommitzsch

CONSÉE, MÜNCHEN.

Karte online abrufbar unter: https://www.duncker-humblot.de/9783428178469_Karte